El gran libro de las civilizaciones antiguas

Patrick Rivière

# EL GRAN LIBRO DE LAS CIVILIZACIONES ANTIGUAS

A pesar de haber puesto el máximo cuidado en la redacción de esta obra, el autor o el editor no pueden en modo alguno responsabilizarse por las informaciones (fórmulas, recetas, técnicas, etc.) vertidas en el texto. Se aconseja, en el caso de problemas específicos —a menudo únicos— de cada lector en particular, que se consulte con una persona cualificada para obtener las informaciones más completas, más exactas y lo más actualizadas posible. EDITORIAL DE VECCHI, S. A. U.

*A mi hija Aurélia,
bajo la protección de Atenea.*

*Traducción de Sonia Afuera Fernández.*

*Fotografías de cubierta:* arriba, *Pirámide* © *J. Pole/esprit-photo.com;* abajo, *Grecia, Delfos* © *É. Gueyne.*

© Editorial De Vecchi, S. A. 2018
© [2018] Confidential Concepts International Ltd., Ireland
Subsidiary company of Confidential Concepts Inc, USA
ISBN: 978-1-68325-809-4

El Código Penal vigente dispone: «Será castigado con la pena de prisión de seis meses a dos años o de multa de seis a veinticuatro meses quien, con ánimo de lucro y en perjuicio de tercero, reproduzca, plagie, distribuya o comunique públicamente, en todo o en parte, una obra literaria, artística o científica, o su transformación, interpretación o ejecución artística fijada en cualquier tipo de soporte o comunicada a través de cualquier medio, sin la autorización de los titulares de los correspondientes derechos de propiedad intelectual o de sus cesionarios. La misma pena se impondrá a quien intencionadamente importe, exporte o almacene ejemplares de dichas obras o producciones o ejecuciones sin la referida autorización». (Artículo 270)

# ÍNDICE

| | |
|---|---|
| Introducción . . . . . . . . . . . . . . . . . . . . . . . . . | 7 |
| La civilización mesopotámica . . . . . . . . . . . . . | 9 |
| La teogonía sumeria . . . . . . . . . . . . . . . . . . . | 10 |
| Los primeros indicios del «Diluvio» en la historia. . . . | 16 |
| La *Epopeya de Gilgamesh* . . . . . . . . . . . . . . . . . | 16 |
| El panteón sumerio y asiriobabilonio . . . . . . . . . | 20 |
| Algunos fragmentos de textos sagrados . . . . . . . . | 23 |
| El ejercicio del culto . . . . . . . . . . . . . . . . . . . | 28 |
| La civilización y la mitología egipcias . . . . . . . . | 31 |
| Los orígenes de la civilización egipcia . . . . . . . . . | 32 |
| Las grandes etapas de la historia de Egipto: el Imperio Antiguo. . . . . . . . . . . . . . . . . . . . | 33 |
| Los Imperios Medio y Nuevo. . . . . . . . . . . . . . | 34 |
| Cosmología y mitología egipcias . . . . . . . . . . . | 35 |
| Los misterios heliopolitanos. . . . . . . . . . . . . . . | 36 |
| Los misterios menfitas . . . . . . . . . . . . . . . . . . | 38 |
| Los misterios hermopolitanos. . . . . . . . . . . . . . | 40 |
| Los misterios tebanos . . . . . . . . . . . . . . . . . . | 40 |
| Versión egipcia del Génesis y del Diluvio . . . . . . . . | 42 |
| La legenda de Isis y Osiris. . . . . . . . . . . . . . . . | 43 |
| Los misterios de Isis y el reino del más allá . . . . . . . | 46 |
| Horus y la teocracia faraónica . . . . . . . . . . . . . | 49 |
| Textos de Herodoto (siglo v a. de C.) . . . . . . . . . | 53 |
| El himno al Sol, de Ajenatón . . . . . . . . . . . . . . | 56 |
| De la civilización cretense a la Grecia antigua . . . | 59 |
| Las tradiciones religiosas minoicas de Creta . . . . . . . | 59 |

Teogonías y grandes mitos griegos . . . . . . . . . . . . . . 67
Zeus - Poseidón - Hades. . . . . . . . . . . . . . . . . . . . 70
El panteón de los dioses del Olimpo . . . . . . . . . . . 73
Los misterios de Deméter y Coré en el santuario
   de Eleusis . . . . . . . . . . . . . . . . . . . . . . . . . . . . 85
De los misterios dionisiacos al orfismo y las bacanales . . 92
Delfos: santuario del oráculo y *omphalos* del mundo . . . 100
Del mito a la filosofía griega . . . . . . . . . . . . . . . . 108
Pitágoras y el pitagorismo . . . . . . . . . . . . . . . . . 110

# ANEXOS

La Enéada . . . . . . . . . . . . . . . . . . . . . . . . . . . 127

Acerca de los misterios de Eleusis . . . . . . . . . . . 131

El Dios y la Diosa . . . . . . . . . . . . . . . . . . . . . 147

Bibliografía . . . . . . . . . . . . . . . . . . . . . . . . . 157

# Introducción

La Antigüedad ha fascinado siempre al ser humano, tanto por la diversidad y el extremo refinamiento de sus expresiones artísticas como por el exotismo y los misterios que no deja de suscitar, debido a la amplitud de sus preocupaciones religiosas. Además, la majestuosidad de sus templos y santuarios sigue sin haber sido igualada por tanto como se impregnó la arquitectura de suntuosa religiosidad.

Las grandes civilizaciones antiguas que presentamos aquí —Mesopotamia, Egipto y Grecia— confinan con el balbuceo de la historia propiamente dicha y, paradójicamente, alcanzan el apogeo del desarrollo cultural, tanto en el ámbito de las artes y las técnicas como en el de la urbanización y los conceptos correspondientes a la ciudad-Estado (la polis, en los griegos). El nacimiento de la escritura y, más tarde, de la filosofía, en Grecia, jalona la sorprendente epopeya de esta grandeza pasada.

Mientras que el Neolítico de Oriente Próximo ve cómo la agricultura sucede a la caza y la organización de las tribus se convierte por consiguiente en sedentaria, empiezan a brotar algunas civilizaciones, como la de Jericó (del año 6850 al 6770 a. de C.), con su impresionante torre y sus fortificaciones rodeando amplios edificios públicos. Todo ello como preludio de una integración social y una organización económica que la civilización sumeria ilustraría perfectamente más tarde.

Y si la cerámica estaba ausente en Jericó, no fue así en Siria, Tell Ramad y Biblos, donde fueron descubiertas figurillas antropomórficas, del V milenio a. de C. Ya entonces, las culturas de Hacilar y Catal Huyuk (año 7000 a. de C.), en Anatolia, demuestran la existencia del culto a la fertilidad y a los difuntos. Se desprende también de ellas la presencia de la diosa-madre, acompañada en ocasiones por un leopardo y un niño. En el último periodo, cerámicas adornadas con dibujos geométricos hicieron aparición en Hacilar.

Más tarde surgió la cultura de Tell Halaf (cerca de Mosul), que utilizaba el cobre y tenía las mismas preocupaciones religiosas con representaciones de la diosa-madre reinando en la Tierra y la Naturaleza.

La cultura halafiana acabó desapareciendo entre el año 4400 y el 4300 a. de C., mientras que entre el Tigris y el Eufrates se extendía la cultura de Obeid, originaria del Iraq meridional. La civilización sumeria acababa de nacer, ya atestiguada en Uruk (Warka) hacia el año 4325 a. de C. Todas las artes y las técnicas se desarrollaron aquí: metalurgia del cobre (hachas) y del oro (objetos diversos); avance de la agricultura y del comercio; estatuario de mármol, y tendencias no figurativas y estilísticas fuertemente marcadas. Se edificaron templos monumentales, auténticos prototipos de *zigurats* o «torres de Babel» de la civilización sumeria.

En lo referente al Egipto antiguo, ¡cuántos descubrimientos arqueológicos se llevan a cabo todos los días, sobre todo en su cuna, en la orilla occidental del Nilo...! Una o varias culturas prefaraónicas serían las originarias del «milagro egipcio» que consagraría al rey Narmer como unificador de las «dos tierras» (el Alto y el Bajo Egipto).

El reciente descubrimiento de que las tres pirámides de la llanura de Gizeh —Keops, Kefrén y Micerinos— siguen la misma alineación que las tres estrellas del «cinturón de Orión» aumenta nuestro asombro, ya que subraya la insistencia de los antiguos en proyectar el cielo en la Tierra, y viceversa. ¿Se trataba acaso de una especie de trampolín que permitiera al alma del faraón llegar a las estrellas? ¡Lo cierto es que el arte cinematográfico contemporáneo no se ha resistido a plasmar esta ficción en la película *Star Gate*! ¿Seguirán frecuentando nuestra imaginación estas grandes civilizaciones desaparecidas?

¿Cómo esperar evocar estas civilizaciones, convertidas en mortales —según la palabra utilizada por Paul Valéry—, sin esforzarse en penetrar en sus preocupaciones religiosas? El gran historiador hermeneuta Mircea Eliade[1] tenía razón al afirmar que «se podría decir que, desde el Neolítico hasta la Edad de Hierro, la historia de las ideas y de las creencias religiosas se confunde con la historia de la civilización. Cada descubrimiento tecnológico, cada innovación económica y social es, según parece, "redoblada" por un significado y un valor religioso...».

---

1. Mircea Eliade, *Histoire des croyances et des idées religieuses*, t. 1, ed. Payot, París (edición en castellano: *Historia de las creencias religiosas*, Ediciones Cristiandad, Madrid, 2004).

# La civilización mesopotámica
## (en el comienzo de la historia propiamente dicha)

Situada entre los dos ríos procedentes de Armenia, el Tigris y el Eufrates, que permiten la irrigación de esta extensa llanura, Mesopotamia fue calificada justamente como «medialuna fértil».[2]

Y es esta región del mundo, «bendecida por los dioses», la que se considera cuna de todas las civilizaciones. Efectivamente, según la mayoría de especialistas, como recogió el orientalista Samuel Noah Kramer en su famosa obra *L'Histoire commence à Sumer*[3] —al menos la de los sistemas religiosos elaborados—, numerosas tablillas de arcilla escritas con signos cuneiformes atestiguan la existencia de la primera escritura conocida,[4] manifestación de una forma civilizadora avanzada.

Cabe distinguir, además, tres grandes civilizaciones implantadas entre estos dos ríos: la civilización babilónica, que se vincula notablemente al curso del Eufrates; la civilización asiria, que se asocia sobre todo al Tigris, y la civilización de Sumer, que guardaba relación particularmente con el sur de esta privilegiada región arrancada al desierto.[5]

---

2. Calificativo utilizado al menos para hacer referencia a esta región que se extiende a lo largo del Eufrates y hasta la Siria del norte.

3. Consultar en este sentido el resto de obras o estudios de S. N. Kramer, *From the tablets of Sumer* y *The Sumerians*, así como la excelente obra de Geoffroy Bibby, *Dilmoun, la découverte de la plus ancienne civilisation*, ed. Calmann-Lévy, 1972, que describe las últimas excavaciones arqueológicas en Mesopotamia. Asimismo, consultar las obras escritas en colaboración con Jean Bottéro, *Lorsque les dieux faisaient l'homme* e *Il était une fois la Mésopotamie*, de Éditions Gallimard.

4. Pensemos en el famoso *Código de Hammurabi* (Museo del Louvre). Cabe señalar, además, que en 1803 —es decir, veinte años antes del *Précis du système hiéroglyphe* de Champollion— Grotefend, un joven alemán de veintiocho años, asentó las bases de las «inscripciones persepolitanas llamadas cuneiformes»—, lo que tendría una importancia capital en el plano arqueológico con el descubrimiento de unas 500.000 tablillas de arcilla marcadas con los clavos y punzones que caracterizan esta escritura «cuneiforme».

5. Debe apuntarse también el término *Caldea*, que se aplica geográficamente a la gran llanura baja (situada muy poco por encima del nivel del mar), donde se unen el Tigris y el Eufrates.

Así pues, los mesopotámicos, maestros antiguos en el arte de levantar diques para contener las inundaciones, como también de crear numerosos canales para dirigir el agua hacia el interior de las tierras, podían disponer de cultivos importantes (trigo, sésamo, mijo...).[6] Los acadios, de origen semítico, se establecerían en el lugar más tarde, hacia el III milenio a. de C.

La civilización calificada de sumeria —en la acepción más amplia del término— fue probablemente introducida por la civilización neolítica, llamada de Obeid, que, tras la desaparición de la cultura halafiana (hacia el 4400 a. de C.), se divulgó por toda Mesopotamia. Constituye una prueba de la existencia de esta civilización tan antigua Warka, en sumerio, *Uruk* —de ahí el término genérico de *Ur*, que designa a Mesopotamia—, situada cerca del golfo Pérsico, en las proximidades de la ciudad de Ur, en la otra orilla del Eufrates.

Sin embargo, como se pregunta André Parrot, miembro del Institut de France:

> *¿De dónde proceden estos sumerios? Sin duda, del este, pero, ¿dónde acaban las fronteras del este? ¿En Irán, en Afganistán o mucho más lejos, en las estepas de Asia central? Esta pregunta sigue sin respuesta. ¿En qué fecha se sitúa este movimiento migratorio? Nuevo problema, nuevas incertidumbres. ¿A principios del IV milenio (en la época de Obeid), a mediados o al final de ese mismo milenio (en los periodos de Uruk o de Djemdet Nasr)? Cada tesis cuenta con sus defensores, cada una tiene sus argumentos, pero ninguno de ellos parece absolutamente decisivo para convencer al cien por cien. Sin embargo, parece demostrado que los sumerios no eran en ningún caso autóctonos y que no fueron los primeros habitantes de Mesopotamia.[7]*

## La teogonía sumeria

Mircea Eliade nos relata en los siguientes términos esta concepción genesiaca, donde se percibe con facilidad el mito de la «nostalgia de los orígenes», es decir, del «Paraíso perdido»:

---

6. Herodoto afirmó en su época, con relación a la Caldea que él visitó: «No diré hasta qué altura llegan el sésamo y el mijo, porque sé perfectamente que quienes no han estado en el país de Babilonia no me creerían».
7. André Parrot, *L'Art de Sumer*, UNESCO, Albin Michel.

*Algunos textos evocan la perfección y la beatitud de los «inicios»: «Los días del pasado, en los que cualquier cosa era creada perfecta», etc. Sin embargo, el auténtico Paraíso parece ser Dilmun, país en el que no existe ni la enfermedad ni la muerte. Allí, «ningún león asesina, ningún lobo mata al cordero... Nadie enfermo de los ojos repite: "Me duelen los ojos"...». Sin embargo, esta perfección era, en general, un estancamiento. Porque el dios En-ki, Señor de Dilmun, se había dormido junto a su esposa, todavía virgen, como la misma tierra era virgen. Al despertarse, En-ki se unió a la diosa Niu-gur-sag, y luego a la hija engendrada por esta, y finalmente a la hija de esta hija —porque se trata de una teogonía que debe cumplirse en este país paradisiaco.*[8]

Los textos que plantean la génesis del mundo describen así el «caos primordial»:

*Cuando allí arriba los cielos no eran nombrados,
y aquí abajo la tierra carecía de nombre,
e incluso el Apsu primordial, procreador de los dioses,
Nammu, Tiamat, que los dio a luz a todos,
mezclaban indistintamente sus aguas,
y los pedazos de cañas no se habían amontonado,
y los cañaverales no eran todavía visibles,
cuando ningún dios había aparecido aún,
ni había recibido nombre ni sufrido destino,
entonces nacieron los dioses del seno de Apsu y de Tiamat.*
(El nacimiento del mundo – *«Poema de la Creación»*)

Dos principios líquidos que constituyen las aguas primordiales se hallan en los orígenes del mundo, uno macho, Apsu, y el otro hembra, Tiamat. Una primera divinidad surgirá de ellos, Nammu o Moummou, que se convertirá por partenogénesis[9] en la madre de todos los demás dioses.[10]

La primera pareja, el Cielo (An) y la Tierra (Ki), encarnará de nuevo los dos principios: masculino y femenino. Sin em-

---

8. Mircea Eliade, *op. cit.*
9. Su nombre significa, precisamente, «mar primordial».
10. «La abuela que dio a luz a todos los dioses», afirman los textos.

bargo, cabe destacar que esta noción de pareja apenas es perceptible en el *hieros gamos*[11] antes de que su separación total haya tenido lugar bajo el impulso de su hijo Enlil (dios de la atmósfera).

El mundo celestial —«totalidad de los mundos superiores»— llevará el nombre de Anshar, y el mundo terrestre —«totalidad de los mundos inferiores»—, el de Kishar.

Así, de las dos serpientes enlazadas, manifestación simbólica de «los dos principios» (como atestiguan, entre otras representaciones, la decoración del famoso vaso de Gudea), nacerán las divinidades principales, la tríada de los grandes dioses —An, Enlil y Ea (o Enki)—, a la cual sucederá la tríada de las divinidades astrales —Shamash (el Sol), Sin[12] (la Luna) e Ishtar (Venus)—, de la que hablaremos más adelante.

En el contexto de la cultura acadia, asistiremos a una nueva interpretación de los textos antiguos en la que se observan las transformaciones siguientes, transcritas más tarde en el poema cosmogónico *Enuma elish*. En esta nueva versión, Tiamat se supone que prefigura al mar, y Apsu representa el agua dulce sobre la cual flota la Tierra. De la mezcla de estos dos principios emanarán parejas divinas: Lakhmur y Lakhamu,[13] Anshar y Kishar, y de estas dos últimas divinidades nacería An, que engendraría a su vez a Ea (o Enki). Sin embargo, según los textos, los jóvenes dioses habrían alterado el descanso de Apsu, que se habría sentido molesto y se habría quejado de su conducta ante Tiamat. Apsu se disgusta con esta situación, pero Ea lo sume entonces en un profundo torpor para hacerse con su poder y acabar matándolo. Así es como se convierte en el dios de las aguas —que desde entonces llevan el nombre de Apsu— y como en la «cámara de los destinos» su esposa Damkina engendra a Marduk.

Por su parte, An se volvió contra sus antepasados y creó cuatro vientos «para molestar a Tiamat». Los dioses, molestos por

---

11. Lo que no deja de evocar el «androginado primordial divino», compartido por muchas religiones.

12. Sin es un «dios-Luna». Está considerado, según algunos textos mesopotámicos, el señor de la corona, el rey de la corona. Así, Hammurabi, famoso por su código, fue calificado como «simiente de la realeza creada por el dios Sin».

13. Según algunas interpretaciones que conciernen a la génesis del ser humano, este habría nacido de su sacrificio.

esta falta de armonía permanente, se quejaron y se dirigieron a Tiamat, su madre. Y esta vez fue demasiado: Tiamat reaccionó con violencia, creando monstruos y demonios sin nombre.

«Entre los dioses que nacieron primero [...] ella exaltó a Kingu». Le colgó del pecho la tablilla de los Destinos, otorgándole así el poder supremo.

An, como Ea, no se atrevió a enfrentarse a Kingu. Sólo Marduk aceptó combatir, pero únicamente tras ser reconocido como Dios supremo por sus iguales. Entonces se inició una terrible batalla entre la tropa de Tiamat y la de Marduk, quien, tras varios lances, salió finalmente vencedor y encadenó a los dioses.

Después de machacar el cráneo de Tiamat, cortó el cuerpo de su madre en dos trozos: una mitad se identifica con la bóveda celeste y la otra, con la Tierra. Se dice que entonces erigió en el cielo una réplica del palacio del Apsu y que dirigió también el camino de las estrellas.

Luego, Marduk decidió crear al ser humano, para que «en él recayera el servicio a los dioses, para relajación de estos», mientras los dioses esperaban pacientemente su castigo. Ea expresó el deseo de que uno de ellos fuera sacrificado en nombre de todos, y se designó a Kingu sin vacilación. De su sangre, Ea iba a crear a la humanidad.[14]

Marduk (Bêl-Marduk), al organizar el universo y presidir la creación de los humanos, prefigura la noción de «demiurgo»: intermediario entre la divinidad suprema original y la humanidad constituida.

Además, Marduk desempeñó la función de dirigir la marcha de los astros convertidos en «moradas de los dioses». Esto último nos lleva a considerar de nuevo el problema de las divinidades astrales y, más concretamente, de la tríada formada por: el Sol (Shamash o Itu), la Luna (Sin o Nama-Suen) y Venus (Ishtar o Inanna).

Las estrellas, y su extraña luminosidad resplandeciente, eran veneradas, como sabemos, por los caldeos, que por un sabeísmo instituido consideraban la astrología como la ciencia adivinatoria por excelencia. De hecho, el ideograma pictográfico que simbolizaba a la divinidad (en sumerio, *dingir*, traducido en acadio por

---

14. Existen, no obstante, versiones diferentes del génesis de la humanidad (véase más arriba).

*ellu*, significa «claro», «brillante») representaba una estrella[15] y designaba, así, a una epifanía celeste.[16]

Así fue como Ishtar obtuvo un papel privilegiado entre las divinidades,[17] en realidad ya como representación de Venus, tal como la hemos planteado recientemente, pero también como representación simbólica del Dios supremo en el origen de la vida, cuyo Sol Shamash sólo constituía una manifestación en el universo, aunque fuera considerado por algunos exegetas como el Dios universal por excelencia, concediendo así una preeminencia solar al contexto religioso mesopotámico.

Sea como fuere, la estrella caldea, tan frecuentemente representada, era el símbolo de la divinidad suprema original no antropomórfica, cuyo resplandor rectilíneo —subrayado por las cuatro ramas centrales— y ondulatorio —demostrado por las cuatro ramas sinuosas oscilatorias del ideograma— manifestaba el brillo estelar.[18]

Ishtar era a la vez considerada diosa del amor y diosa de la guerra.[19] Se la consideraba, además, hermafrodita (*Ishtar barbata*). Como soberana del «Gran Reino de Arriba», también le habría gustado reinar en el Mundo de los Infiernos. Para ello habría llegado incluso a descender a él y a franquear las siete puertas,[20] desprovista de todos sus aderezos, antes de aparecer totalmente desnuda ante la muerte.

La versión sumeria de este «descenso a los Infiernos» fue profundamente «humanizada», mientras que la versión propiamente acadia, que incluía la intervención directa de los grandes dioses en este trágico episodio, abandonaba toda su dimensión simbólica al asociar la desaparición de Ishtar a la de la vida sobre

---

15. Existen realmente numerosas representaciones, sobre todo en el templo de Sippara.
16. La divinidad An designaba el Cielo, en el que estaba su residencia. Su templo de Uruk tenía como nombre *E-au-na*, «Casa del Cielo». A su vez, era calificado de *Il-Shamé*, «Dios del Cielo», de *Ab-Shamê*, «Padre de los Cielos», de *Shar Shame*, «Rey de los Cielos». Las estrellas componían originariamente su ejército, pero más tarde An cedió su prestigio a Enlil, que fue sustituido por Marduk, en el cuento babilonio.
17. «En cuanto a Inanna, homologada con la Ishtar acadia, y más tarde con Astarté, gozará de una "actualidad" cultural y mitológica nunca alcanzada posteriormente por otra diosa de Oriente Medio», Mircea Eliade, *op. cit.*
18. Debemos subrayar que la luz se propaga y se manifiesta efectivamente siguiendo dos modos complementarios: uno rectilíneo (por efecto corpuscular) y otro ondulatorio (por efecto oscilatorio)... ¡Curiosa coincidencia!
19. Veremos más adelante que Atenea era considerada por los griegos diosa de la sabiduría (Pallas Atenea) y diosa de la guerra, que salió armada del cráneo de Zeus.
20. Las siete puertas simbólicas de Abajo se relacionan por analogía con los siete astros de Arriba, al igual que con los siete cielos que se asocian a ellos.

la Tierra (así como, tal vez, al «deseo»... ¡de existir!), justificando de esta manera su intervención para librarla de la inexorable muerte.

Como apunta tan acertadamente Mircea Eliade,[21] la catástrofe se revelaba extremadamente importante y, por tanto, de proporciones cósmicas.

El esposo de Ishtar, Tammuz,[22] tuvo que reemplazarla en los Infiernos a mediados del año (a partir del 18 del mes de Tammuz —periodo de junio a julio—) y se instauraron lamentaciones rituales en honor al joven dios.

Este dios, que habría reinado durante el descenso a los Infiernos de Ishtar, su esposa, sería asociado con suma rapidez al soberano sumerio o acadio y a su «muerte ritual», misterio instituido por Ishtar-Inanna, asegurando el ciclo universal de la vida y la muerte. El rey (de derecho divino), por tanto, era considerado «hijo de Dios» y su representante en la Tierra, y sufría una iniciación ritual en cada nuevo año en la fiesta de Zagmuk (en acadio, *Akitu*).[23]

Su templo-palacio, el zigurat, inmenso edificio piramidal, a modo de torre de siete plantas,[24] garantizaba la comunicación entre la Tierra y los dioses del Cielo que, además, se suponía que revelaban el plano de los templos. La referencia a los astros era constante, ya que las constelaciones constituían los arquetipos de ciudades babilonias: Arturo y Asur, la Osa Mayor y Nínive, Cáncer y Sippar, etc.

---

21. Mircea Eliade, *op. cit.*
22. El pastor Dumuzi en la versión sumeria antigua.
23. Esta fiesta tenía lugar durante los doce primeros días del mes de Nisan. Al principio se desarrollaba una «etapa de expiación» para el rey, que simbolizaba la cautividad de Marduk. En el santuario, el sumo sacerdote retiraba al rey sus emblemas de soberanía: el cetro, el anillo, la cimitarra y la corona, y luego le golpeaba en la cara como signo de humillación. La etapa siguiente marcaba la liberación de Marduk, y luego tenían lugar los combates rituales, así como una procesión conducida por el rey hasta Bit Akinu, situada fuera de la ciudad, donde se celebraba un banquete. Luego, el rey manifestaba el *hieros gamos* (véase S. N. Kramer, *The sacred marriage rite*) con una sacerdotisa que simbolizaba a la diosa, representando así la pareja Dumuzi-Inanna, y por último se podía asistir a la determinación de los destinos vinculados al mes del año (por analogía a las leyes establecidas por Marduk para ordenar el Universo). Se supone que la fiesta del año nuevo A-ki-til revivía el mundo constantemente perturbado por la amenaza de la Gran Serpiente exterminadora.
24. Por analogía con los siete astros: las dos luminarias —la Luna y el Sol— y los cinco planetas —Saturno, Júpiter, Venus, Mercurio y Marte—. Cada planta del zigurat mostraba un color asociado a cada uno de los astros. Así, partiendo de la base, se observaban los siguientes colores: blanco, negro, púrpura, azul, bermellón, plata y dorado. En la última planta, se erguía el templo propiamente dicho, donde vivía el sumo sacerdote.

## Los primeros indicios del «Diluvio» en la historia

Los dioses, ante la insumisión humana generalizada, decidieron destruir la humanidad entera —a pesar de la oposición de algunos de ellos—, excepto a Ziusudra,[25] soberano justo y piadoso al que los dioses ordenaron que construyera un arca salvadora para escapar al cataclismo diluviano:

> *Pasados siete días y siete noches en que el Diluvio había barrido la tierra y el enorme barco se había bamboleado entre las aguas tormentosas, apareció Utu [dios del Sol], el que reparte la luz en el cielo y la tierra. Ziusudra abrió una ventana de su barco y Utu permitió a sus rayos entrar en el gigantesco barco. El rey Ziusudra se postró ante Utu. El rey inmoló un buey y mató un carnero para él. [...]*
>
> *Entonces el rey Ziusudra se postró ante Anou y Enlil. Anou y Enlil cuidaron de Ziusudra: le dieron una vida como la de un dios, un hálito eterno como el de un dios. Entonces el rey Ziusudra, que conocía el nombre de la vegetación y de la simiente del género humano en el país de paso, en el país de Dilmun, allí donde sale el sol, fue instalado por los dioses.*[26]

Sin embargo, a diferencia de Noé, que fue rescatado del Diluvio en la tradición hebrea, los dioses no permitieron a Ziusudra vivir en esta nueva tierra emergida, sino que le invitaron a ir al país de Dilmun, donde le esperaba la inmortalidad.

Asimismo, encontramos una evocación importante del Diluvio en la célebre *Epopeya de Gilgamesh*, el héroe «herculano» de la tradición mesopotámica.[27]

## La *Epopeya de Gilgamesh*

Gilgamesh era hijo de la diosa Niusun y de un gran sacerdote de la ciudad de Uruk. Aparece muy pronto en el relato como un ser

---

25. En sumerio; *Utnapishtim* en acadio.
26. S. N. Kramer, *L'Historie commence à Sumer*.
27. Aunque no se puede dudar de la anterioridad de la versión babilonia, podemos considerar, según Mircea Eliade, que la *Epopeya de Gilgamesh* es obra del genio semítico, ya que esta fabulosa saga fue redactada en acadio a partir de diversos y confusos elementos.

excepcional, pero también como un tirano. El pueblo, por tanto, habría recurrido a los dioses para deshacerse de una carga así, y estos habrían creado al gigante Enkidu con el fin de que se enfrentase a Gilgamesh.

Enkidu era un ser medio salvaje que vivía entre los animales. Gracias a la intervención de una hechicera, llega a Uruk, donde Gilgamesh lo espera para mantener una batalla con él. A pesar de la fuerza muscular excepcional de Enkidu, Gilgamesh consigue salir victorioso de la prueba organizada por los dioses.

Curiosamente, el héroe de Uruk se hace amigo de su adversario, que desde entonces se convierte en su inseparable compañero. Y así es como deciden llevar a cabo múltiples hazañas juntos, empezando por un combate con el monstruo Huwawa (Humbaba), del que saben, gracias a Enkidu, que vive en un bosque de cedros (¡árbol sagrado donde los haya!) y que hasta el momento nadie lo ha vencido.

> *Los rugidos de Humbaba son los del diluvio,*
> *su boca es fuego,*
> *su aliento es la muerte segura.*
> *¿Por qué deseas emprender este viaje?*
> *Humbaba es invencible.*
> (Epopeya de Gilgamesh)

Se inicia un combate terrible, tan violento que Shamash, el dios sol, se ve obligado a intervenir desencadenando un huracán para abatir al monstruo y acabar con el combate. Huwawa pide entonces perdón. Gilgamesh, por su parte, está dispuesto a perdonarle la vida, pero Enkidu se niega, y ambos héroes matan al monstruo decapitándolo con violencia, después de cortar también su cedro sagrado.[28]

Luego, los dos amigos vuelven a Uruk, donde la diosa Ishtar espera el regreso de Gilgamesh para seducirlo. Sin embargo, el héroe, lejos de sucumbir al inagotable encanto de la diosa, la rechaza: «Tienes demasiados amantes y todos han pagado muy caros tus favores».

---

28. La simbología del árbol es importante en la tradición mesopotámica; pensemos en los mitos que rodean «al árbol plantado en las orillas santas del Éufrates», culto en relación con el del dios Enki, que, por otra parte, suele ser evocado en las tumbas reales de Ur. Como apunta Nell Parrot en su obra *L'Arbre sacré*, a propósito de su importancia en Mesopotamia: «No hay culto del árbol en sí; bajo esta representación se oculta siempre una entidad espiritual».

Ishtar, furiosa por haber sido rechazada de ese modo, suplica a su padre, el dios An, que cree al invencible «Toro celestial» para que mate a Gilgamesh y destruya la ciudad de Uruk. An se niega al principio a cumplir los deseos desesperados de su hija, pero luego, amenazado por esta con ver resurgir el «Mundo de los Infiernos» a la superficie de la Tierra, acaba cediendo a su petición. Y así es como tiene lugar una terrible lucha entre el fabuloso toro y nuestros dos héroes, mientras la mayoría de los miembros de la ciudad quedan aterrorizados con sólo oír los rugidos del monstruo. Enkidu, no obstante, consigue atraparlo por la cola, mientras Gilgamesh lo atraviesa con su espada. Ishtar lo maldice al instante, pero Enkidu la injuria blandiendo el muslo del toro que acaba de arrancar.

Y es en ese instante cuando Enkidu atrae sobre sí mismo la maldición de los dioses, como evoca al día siguiente, después de un sueño:

*He tenido un sueño esta noche:*
*el cielo tronaba,*
*la tierra le respondía*
*y yo estaba de pie entre ambos,*
*cuando un hombre de rostro sombrío*
*apareció ante mí.*
*Su rostro se parecía al de Anzou.*
*Sus uñas eran garras de águila.*
*Me desvistió*
*y me cogió entre sus garras,*
*me apretó y perdí el aliento;*
*transformó mi apariencia,*
*mis brazos se volvieron*
*alas de ave cubiertas de plumas;*
*me aferró, me apretó.*
*Me llevó hacia la morada sin retorno,*
*me llevó hacia la ruta sin retorno,*
*hacia la morada de la eterna oscuridad.*
(Epopeya de Gilgamesh)

Enkidu, que cae misteriosamente enfermo esa misma mañana, víctima de la cólera de los dioses, muere doce días más tarde. Su amigo Gilgamesh llora por él —afirman los textos— durante siete noches y siete días enteros, queriendo resucitar con sus lágrimas a su fiel compañero, que al final recibe un magnífico funeral.

Viéndose totalmente impotente ante la muerte de su amigo, Gilgamesh toma conciencia de la importancia de la vida y desde entonces su único deseo es acceder a la inmortalidad. Recordando que Utnapishtim (Ziusudra), que se había salvado del Diluvio, vivía aún, decide ponerse en su busca.

Después de muchas tribulaciones,[29] a lo largo de las cuales conoce el miedo y penetra en el mundo subterráneo,[30] Gilgamesh acaba descubriendo un jardín paradisiaco cerca del cual conoce a una mujer (o más bien a una ninfa), Siduri Sabitu, a la que interroga para encontrar a Utnapishtim. La ninfa, con la intención de desanimarlo, se esfuerza en dirigirlo hacia los placeres de la vida, pero nada hace cambiar a Gilgamesh en su determinación de conquistar la inmortalidad. Siduri cede entonces ante una voluntad tan férrea y le permite atravesar las «Aguas de la Muerte» para encontrar a Utnapishtim. Este le intima a que pase la temible prueba de una vigilia continua de seis noches y seis días enteros, pero en ella, desgraciadamente, el héroe fracasa y cae en un profundo sueño. Nada más ser despertado por Utnapishtim, toma conciencia de su fracaso:

*¿Qué puedo hacer, Utnapishtim? ¿Dónde puedo ir? ¡Un demonio ha tomado posesión de mi cuerpo; en la habitación en la que duermo habita la muerte, y donde voy, allí está la muerte!*

Y, en el último instante, en que Gilgamesh se dispone a abandonar el lugar, la esposa de Utnapishtim convence a su marido para que entregue al héroe el auténtico «secreto de los dioses», el de la planta de la inmortalidad que se halla en el fondo de los mares. Gilgamesh, sin perder un instante, marcha a conseguir esa planta fabulosa y la encuentra buceando, sin dificultad. Una vez que la ha recogido, emprende el regreso. Al cabo de un tiempo, agotado, decide bañarse en una fuente, con la

---

29. Tribulaciones de tipo «iniciático», en las que el recorrido del héroe sigue un determinado modo evolutivo tradicional.

30. Se trata de una especie de descenso a los Infiernos simbólico, de una interiorización del héroe, hasta lo más recóndito de su ser.

planta secreta en la orilla. Atraída por el suave olor que emana de ella, una serpiente sale del agua y se la lleva, perdiendo su vieja piel al marchar.

Cuando sale del agua, Gilgamesh se pone a llorar, al constatar que ha perdido la planta de la inmortalidad que tanto deseaba; esto demuestra, si cabía, que para los sumerios los héroes no pueden acceder a la inmortalidad y que la sabiduría está reservada a los dioses...

## El panteón sumerio y asiriobabilonio

### Nergal

Es representado, en unas ocasiones, con busto humano y cuerpo de león y, en otras, con el cuerpo de un hombre sobre el que se yergue una cabeza de león. Presidía el mundo subterráneo de los difuntos, el mundo inferior. Se asociaba al astro Saturno. Además, era el esposo de Ereskigal, la hermana de Inanna.

### Nebo

Se asentó como dios de las ciencias, las letras y la adivinación. Asociado al planeta Mercurio, presidía el movimiento de los astros e interpretaba sus augurios. Los acadios tenían que elaborar más tarde las formas variadas que revestirían la adivinación en el contexto mesopotámico.

Nebo era representado como un anciano de larga barba con una gran sabiduría. Iba vestido con una larga túnica y una tiara con cuernos de toro en la frente.

### Mir o Iskur

Era considerado el dios de las tormentas. Ocurría lo mismo con Raman, que, además, era asociado a los meteoros y a la lluvia, principalmente. Sostenía un rayo en sus manos, pero blandía también un hacha y llevaba una tiara con cuatro cuernos. Era llamado, parece ser justamente, «señor de los canales, dios de la fecundidad, señor de las tormentas».

## Ninurta

Estaba vinculado, por una parte, a la metalurgia del cobre, y por otra, a la guerra, como Marduk. Además, fue asimilado al dios Ningirsu, en el contexto de la ciudad de Lagash.

## Hea

Presentaba cuerpo de pez con cabeza humana, o bien aparecía como hombre con cola de águila y el cuerpo cubierto de escamas de pescado. Se trataba de una especie de dios civilizador que, habiendo salido de las aguas, habría enseñado a los humanos la agricultura, las artes, las ciencias y las técnicas.

## Ninip

Era representado como un poderoso guerrero, armado con un látigo y apretando un león con su brazo izquierdo. Se hacía referencia a él como «señor de la fuerza, de la espada y de los ejércitos».

## Assur

Como su nombre indica, era venerado principalmente por los asirios; mostraba el rostro de un soberano o de un gran guerrero. Además, era representado con frecuencia con grandes alas, planeando por el cielo, con un arco en la mano.

## Las diosas

Desempeñaban también un papel importante: Gula era la protectora de los médicos; Nidaba estaba vinculada a la actividad intelectual y, por tanto, a la enseñanza, así como a los escribas y a los misterios de la naturaleza; Bau, cuyo paredro[31] era Ningirsu,

---

31. Se dice de los dioses inferiores, cuyo culto estaba asociado al de las grandes divinidades.

era la protectora de la vegetación, y las ceremonias del nuevo año se llevaban a cabo en su nombre; por último, Nanse protegía las aguas dulces y a sus moradores.

## Las divinidades secundarias

Se veneraba, además, a divinidades secundarias, como Zerpait, Mylitta, Belit y otras, asociadas a funciones diversas; así como a algunos genios o entidades espirituales que servían a los grandes dioses. Estos eran representados bajo una forma antropomórfica, pero estaban dotados de cuatro grandes alas desplegadas. También adquirían a veces la forma de un animal, de un toro alado gigantesco con cabeza humana y cola de león.

Algunos especialistas han llegado incluso a considerar que la idea de «monoteísmo naciente» no era ajena a las preocupaciones religiosas de los mesopotámicos. Estos vieron en Ninurta —más tarde sustituido por Marduk, señor de Babilonia— la manifestación de este Dios-Uno original. ¿Qué podemos pensar? ¿Se trataba acaso de una especie de «impaciencia del politeísmo», como apunta Jean Nougayrol, miembro del Institut de France, en su contribución a la religión babilónica: *Histoire des religions*? A no ser que se trate de una noción monoteísta constantemente subyacente a las preocupaciones religiosas mesopotámicas (véase más arriba), que adopta formas diferentes correspondientes a los contextos culturales, en función de las épocas y las religiones implicadas.

Veamos a este respecto una invocación a Ninurta, muy elocuente:

> *Señor, tu rostro es el dios-Sol, tu melena, el dios [...],*
> *tus ojos, maestro, son Enlil y Ninlil,*
> *las pupilas de tus ojos, Gula y Belet-ile,*
> *el iris de tus ojos, maestro, la claridad de Sin,*
> *el párpado de tus ojos, el resplandor del sol del cielo,*
> *la forma de tu boca, maestro, el Ishtar de las estrellas.*
> *Anu y Antu son tus labios, tu palabra...*

Esto no tiene que hacernos olvidar la importancia del dios An-Anu, cuyo nombre significa «cielo», y que, sin embargo, fue representado simbólicamente por una estrella, aunque esta poseía una denominación distinta.

An parece reinar sobre el conjunto de los dioses, en efecto, más que gobernarlos, y parece asumir del mismo modo una cierta supremacía con respecto a ellos. De hecho, era en Uruk —la ciudad de Gilgamesh— donde estaba establecido su santuario más antiguo: el E-An-na, o templo de An.

¿Podemos considerar en este sentido que la «estrella sumeria» no es más que la manifestación del dios-Sol Shamash y no sugiere en absoluto la epifanía del dios An, hierofanía suprema si la hay? ¡Un análisis no demasiado reduccionista parecería aquí erróneo, puesto que *Zeus* (en griego) y *Deus* (en latín) designarán más tarde también la luz debida a los rayos estelares!

## Algunos fragmentos de textos sagrados

### Acerca de la génesis de la humanidad

#### *El sacrificio de Kingu*

> *Y le hicieron sufrir su castigo,*
> *le cortaron las venas.*
> *De su sangre nació la humanidad*
> *y Marduk le impuso el servicio a los dioses,*
> *para liberarlos de él.*
> (El nacimiento del mundo)

#### *La obra de Marduk*

> *Al escuchar la llamada de los dioses*
> *Marduk decidió crear una obra.*
> *Tomando la palabra, lo comunicó a Ea*
> *para saber su opinión sobre el plan concebido:*
> *voy a hacer una red de sangre, formar una osamenta*
> *para producir una especie de ser cuyo nombre será «hombre».*
> *Quiero crear una especie de ser, el hombre,*
> *sobre el que descanse el servicio a los dioses, para la tranquilidad de estos.*
> *Quiero perfeccionar la obra de los dioses.*
> *Como respuesta, Ea pronunció las siguientes palabras.*
> *Para la tranquilidad de los dioses, le comunicó su idea:*

*que uno solo de sus hermanos, que un solo dios fuera entregado.*
*Él perecerá para que nazca la humanidad.*
*Pero los grandes dioses reunidos deben decidir*
*a qué culpable habrá que entregar, para que ellos mismos*
*puedan sobrevivir.*
(El nacimiento del mundo)

## *La obra de Ea y la diosa Mami*

*La diosa Mami tomó catorce puñados de arcilla.*
*Colocó siete puñados a la derecha.*
*Colocó siete puñados a la izquierda.*
*Ea, arrodillada sobre una estera, abrió el ombligo de las figurillas.*
*De los dos grupos, siete produjeron hombres.*
*Siete produjeron mujeres.*
*La diosa que crea los destinos*
*los completó por parejas. Mami*
*diseñó las formas humanas.*
(El nacimiento del mundo)

## Acerca de la *Epopeya de Gilgamesh*

Siduri Sabitu pone a prueba a Gilgamesh:

*¿A dónde vas, Gilgamesh?*
*La vida que buscas*
*no la encontrarás.*

*Cuando los grandes dioses crearon a los hombres*
*les destinaron la muerte*
*y se quedaron para sí la vida eterna,*
*no para ti, Gilgamesh.*
*Que tu vientre esté siempre lleno.*
*Sé feliz día y noche,*
*baila y juega,*
*haz de cada día de tu vida*
*una fiesta de alegría y placeres.*
*Que tus ropas estén limpias y sean lujosas,*
*lava tu cabeza y báñate,*

*acaricia al niño que te coge la mano,*
*regocija a la esposa que está entre tus brazos.*
*Esos son los únicos derechos que poseen los hombres.*
(Epopeya de Gilgamesh)

Utnapishtim revela a Gilgamesh el misterio de la planta de la inmortalidad:

*Gilgamesh, voy a desvelarte*
*una cosa oculta.*
*Sí, voy a desvelarte*
*un secreto de los dioses:*
*existe una planta como el espino*
*que crece en el fondo del agua,*
*su espina te pinchará*
*como una rosa.*
*Si tus manos arrancan esta planta*
*encontrarás la vida nueva.*
(Epopeya de Gilgamesh)

Y acerca de las convergencias con los textos bíblicos, principalmente con relación al Diluvio:

*Igual que las inscripciones reales, la poesía épica fascinaba a la imaginación por la luz que proyectaba sobre la Biblia. Durante los años en que se produjo la publicación de estos documentos, la Biblia había sido seriamente atacada. En 1859, Darwin publicó su libro* El origen de las especies, *y, ese mismo año, se reconocía la autenticidad de las herramientas de la Edad de Piedra halladas entre las gravas del Somme (donde estaban mezcladas con huesos de animales de la misma época, pertenecientes a especies desaparecidas desde hacía mucho tiempo).*

*Con su teoría de la evolución, la biología atacaba al mito de la creación, mientas que la geología ponía en duda el concepto de un Diluvio Universal con sus discusiones sobre la era glaciar. Por tanto, no había nada sorprendente en que uno se adueñara ávidamente de los anales de los reyes de Asiria —donde estaban relatados numerosos acontecimientos que tenían que figurar más tarde en los libros del Antiguo Testamento— para descubrir en ellos una prueba en contra de la verdad de las Escrituras.*

*En 1812 se descifró en una de las tablillas de la biblioteca de Assurbanipal en el British Museum el relato asirio de un Diluvio Universal.*

*Esta tablilla era el «capítulo» undécimo de la* Epopeya de Gilgamesh, *el rey semimítico de Erech que pasó en vano varios años de su vida en busca de la inmortalidad. El poema es la relación de la visita a Uta-Napishtim, el único hombre al que se le concediera la inmortalidad, el único superviviente del Diluvio. Encantado de tener un interlocutor, al anciano no había que rogarle que describiera con todo detalle la Gran Inundación.*

*Después de que los dioses decidieran destruir toda la humanidad, Enki, el señor de las aguas subterráneas, había ordenado al narrador que construyera un arca para embarcar en él a su familia y su ganado. Durante seis días y seis noches, la tormenta estuvo arrasándolo todo, y el séptimo día el barco embarrancó en la cima de una montaña del alto Kurdistán. Una paloma y una golondrina fueron dejadas en libertad, pero regresaron; luego le tocó a un cuervo, que no regresó. Uta-Napishtim salió entonces del arca para ofrecer un sacrificio. Enki había pedido al señor de los dioses que nunca castigara a toda la humanidad por los pecados de unas cuantas personas. Enlil, el señor supremo, había consentido, y, subiendo al arca, había tocado la frente de Uta-Napishtim y de su mujer y les había dicho: «Hasta hoy erais mortales, pero a partir de ahora seréis como dioses; viviréis lejos de aquí, en la desembocadura de los ríos».*

*El relato asirio del Diluvio presentaba tantas similitudes con el de la Biblia que no se podía poner en duda su común origen. Incluso en este primer estadio de conocimientos, era evidente que la versión asiria, como la tablilla de la biblioteca de Assurbanipal, no era más que la copia de un relato mucho más antiguo. Hubo que esperar cuarenta años para descubrirlo, y fue en ese momento cuando la relación entre la historia del Diluvio y el problema de Dilmoun empezó a verse con total claridad.*

*En 1899 o 1900, la Universidad de Pensilvania llevaba a cabo unas excavaciones en Nippur, emplazamiento de una antigua ciudad famosa en el pasado en la baja Mesopotamia. En la época sumeria y en la de Sargón de Acad, primer gran conquistador semita, Nippur era el centro religioso más importante de Mesopotamia, puesto que su dios tutelar era Enlil, el mismo que había ordenado el Diluvio y concedido la inmortalidad a Uta-Napishtim.*

*En muchos sentidos, las excavaciones americanas de Nippur han marcado un hito decisivo en la arqueología de Oriente Medio. Por primera vez, el objetivo principal de la misión no era la búsqueda de estatuas e inscripciones destinadas a adornar los museos, sino el descubrimiento de edificios en su totalidad. Este método llevó a descubrir los primeros zigurats, esas gigantescas torres de pisos coronadas por un templo, que constituían una de las principales características de las ciudades mesopotámicas. Todas las ciudades poseían un zigurat, uno solo, dedicado a su divinidad protectora; el de Nippur, llamado E-kour, «la casa de la montaña», estaba dedicado a Enlil. Al pie de la torre se hallaba el gran templo del dios, y allí fue donde Hilprecht, jefe de la misión y experto en materia de escritura cuneiforme, desenterró los archivos del templo, una colección de treinta y cinco mil tablillas, cantidad superior incluso a la de la biblioteca real de Assurbanipal. Resulta evidente que una cantidad tan grande de documentos no podía ser descifrada y publicada en un breve periodo de tiempo. Aún hoy, dos generaciones después de este acontecimiento arqueológico, la mayor parte de las tablillas sigue sin haber sido publicada, y se continúan descubriendo importantes cosas. Muchas tablillas están en sumerio, lengua que precedió al babilónico y al asirio semita, al menos en lo relativo a la lengua escrita de Mesopotamia, y son las que nos han proporcionado las bases de nuestros conocimientos de sumerio.*

*Así pues, no resulta sorprendente que haya habido que esperar a 1914 para que apareciera la tablilla de Nippur con la versión sumeria del Diluvio. De hecho, la tablilla está incompleta, ya que carece de sus dos tercios superiores, y el texto presenta numerosas lagunas. Sin embargo, la historia es muy parecida a la narrada por Uta-Napishtim a Gilgamesh, a pesar del cambio de nombre del superviviente que, en la versión sumeria, se llama Ziusudra. En nuestra opinión, la última parte del texto es la que ofrece mayor interés. Mientras que la versión babilonia nos dice que Uta-Napishtim, después de acceder a la inmortalidad, debía vivir «lejos de aquí, en la desembocadura de los ríos», la versión sumeria precisa: «Anu y Enlil amaban a Ziusudra y, como a un dios, le concedieron la vida eterna. Entonces enviaron a Ziusudra, el rey, salvador de la vegetación y semilla de la humanidad, al país de la travesía, Dilmoun, país donde el sol sale, y le ordenaron que permaneciera allí*».[32]

## EL EJERCICIO DEL CULTO

Aun teniendo en cuenta que la jerarquía sacerdotal variaba según los lugares y las épocas, podemos trazar los siguientes grandes rasgos:

— el título de *en* («señor») se atribuía al sacerdote de mayor rango. Era, en cierto modo, el sumo sacerdote, considerado como el equivalente de un pontífice;
— el *sanga* asumía, además de sus funciones de sacerdote de alto rango, las de administrador de los bienes del templo, lo que lo situaba directamente bajo la autoridad del jefe de la ciudad en cuestión;
— el *shabra*, además de cumplir con sus funciones sacerdotales, podía también sustituir al sanga, para administrar los bienes del templo;
— el *ishib* era considerado un exorcista que se dedicaba a los ritos de purificación, con ayuda de invocaciones y conjuros diversos;
— el *gudug* (o *shudug*) se encargaba de efectuar las unciones santas y también tenía como tarea asumir algunas funciones administrativas;
— el *uri-gal*, como sacerdote, no aparecería hasta más tarde, en los textos asirio-babilonios.

Es acertado contar, además, a los *gala* o chantres religiosos, los *en-si* o adivinos, así como a las sacerdotisas dirigidas por la «Dama del Dios» *(Nin-Dingir)* según los vaticinios emitidos ante el *Me*, especie de pitonisa.

La parte superior de los zigurats (torres con pisos) alojaba el sanctasanctórum *(gi-gun)* del templo sumerio, que sólo frecuentaban los sacerdotes.

Además de las fiestas del año nuevo (véase más arriba), se celebraban otras en honor a las divinidades a lo largo de todo

---

[32]. Extraído de la excelente obra de Geoffroy Bibby, *Dilmoun, la découverte de la plus ancienne civilisation*, ed. Calmann-Lévy, 1972.

el año. Se llevaban a cabo procesiones, acompañadas de ofrendas a los ídolos ubicados en varios lugares, siguiendo un rito procesional preestablecido. La música no faltaba en estas ceremonias, donde sonaban flautas, cítaras y tamboriles, así como liras, arpas y tímpanos, como atestiguan los documentos de que disponemos.

# LA CIVILIZACIÓN
# Y LA MITOLOGÍA EGIPCIAS

*Sólo en su verbo de piedra,
Egipto ha sabido hablar la lengua de la eternidad.*
ÉDOUARD SCHURÉ, *Sanctuaires d'Orient*

*El antiguo Egipto carecía de religión,
según los testimonios inscritos durante más de cuatro mil años;
él era la religión en su acepción más amplia y más pura.*
SCHWALLER DE LUBICZ, *Le roi de la théocratie pharaonique*

¿Ha existido en la historia alguna civilización que tuviera más sentimiento religioso que el pueblo egipcio?

Si Herodoto daba sin ningún género de duda una respuesta negativa a dicho interrogante, cabe reconocer que el historiador contemporáneo de las religiones sólo podría suscribirse a esta opinión justificada, al no descubrir ninguna otra civilización en el mundo que haya poseído una cultura religiosa más amplia ni preocupaciones metafísicas más importantes que en el Egipto antiguo.

Desde finales de la protohistoria egipcia hasta el IV milenio a. de C., debieron de surgir un reino y una civilización unificados, al no estar Egipto sometido a ningún tipo de invasiones múltiples,[33] por su situación geográfica. En efecto, el valle del Nilo estaba protegido por el desierto, el mar Rojo y el Mediterráneo.

---

33. Efectivamente, hubo que esperar a la invasión de los hicsos, en el siglo XVI a. de C., para que Egipto se volviera vulnerable.

## Los orígenes de la civilización egipcia

Si bien anteriormente solía ser costumbre plantearse sólo un origen oriental de la civilización egipcia, hoy no se pueden omitir de ningún modo las hipótesis relativas a un probable origen occidental.

Bajo esta perspectiva, no es inadecuado recordar una exposición que tuvo lugar en 1973 en el Petit Palais de París, cuyo tema era «Egipto antes de los faraones».[34]

Era cuando menos interesante, en efecto, admirar las piezas arqueológicas del IV milenio a. de C., entre las que había tanto paletas decoradas en relieve[35] que evocaban, sin duda, a la civilización sumeria, como estatuas antropomórficas de gran tamaño, sorprendentes, dotadas de un estilo completamente original (cultura Nagada I), que nada tenían que ver, al menos en apariencia, con una cultura oriental.[36]

¿Esta influencia «prefaraónica» era entonces de origen occidental?

A juzgar por los documentos relacionados con el *Libro de los Muertos* de los antiguos egipcios,[37] estos «prefaraónicos» habrían tenido como antepasados a los «sirvientes de Horus», que estarían en el origen de la civilización egipcia y procedían, según los textos, del extremo de Libia, «de allí donde se pone el sol».

Algunos arqueólogos, como Marcelle Weissen-Szumlanska, autora de *Origines atlantiques des anciens Égyptiens*,[38] se aferran, por tanto, a la hipótesis según la cual los orígenes del antiguo Egipto serían occidentales, tanto más cuanto que algunos descubrimientos arqueológicos permiten pensar en esta posibilidad.

Con relación a la influencia oriental —y, por tanto, mesopotámica—, que es obviamente la más comúnmente admitida, Mircea Eliade apunta:

> [...] *En el IV milenio, los contactos con la civilización sumeria provocan una auténtica mutación. Egipto adopta el cilin-*

---

34. Exposición organizada por Jacques Vandler, miembro del Institut de France, inspector general de los museos, encargado del departamento de Antigüedades Egipcias.
35. Como la denominada «de toro», que se encuentra en el Museo del Louvre.
36. Estos «hombres barbudos» —este es el calificativo que los arqueólogos les han otorgado— guardan relación con las culturas Nagada I y II que se extendían de Badari a Sisileh, en la parte sur del Nilo (véase el artículo de J. A. Boulain, aparecido en *Archeologia*, n.º 60).
37. Cuyo título exacto es *Avanzando hacia la luz del día*.
38. Omnium littéraire, París, 1965.

*dro-sello, el arte de construir con ladrillo, la técnica de construir barcos, numerosos motivos artísticos y, sobre todo, la escritura, que aparece de repente, sin antecedentes, a principios de la I dinastía.*[39]

## LAS GRANDES ETAPAS DE LA HISTORIA DE EGIPTO: EL IMPERIO ANTIGUO

La historia de Egipto —con excepción de la parte prefaraónica— se divide en tres grandes periodos: el Imperio Antiguo, el Imperio Medio y el Imperio Nuevo.

La primera etapa (aproximadamente del año 3000 al 2130 a. de C.) es el periodo durante el cual la ciudad de Menfis[40] fue considerada la capital del Imperio Antiguo. Comprende las once primeras dinastías faraónicas.

A principios de este periodo se sitúa al legendario faraón Menes (Narmer),[41] «sirviente de Horus», quien, después de unificar el país y fundar el Estado egipcio, instauró la tradición faraónica, estableciendo así la I dinastía. Procedente del sur o del oeste, según determinados textos, Menes pasa indudablemente por ser un conquistador, así como un legislador y un constructor. Se afirma incluso que secó la llanura de Menfis para establecer en ella la capital de Egipto y que asentó la autoridad faraónica mediante la ceremonia de la coronación, que se llevaría a cabo en este lugar durante más de treinta siglos.[42]

El faraón también fue considerado un dios encarnado; según Mircea Eliade:

*Lo esencial era garantizar la permanencia de esta obra efectuada según un modelo divino; dicho de otro modo, evitar las crisis susceptibles de agitar los cimientos del nuevo mundo. La divinidad de Faraón constituía la mejor garantía. Puesto que Faraón era*

---

39. Mircea Eliade, *op. cit.*
40. Menfis era considerada la «Residencia del alma de Ptah»: He-Ku-Ptah, que dará origen al vocablo griego *Aiguptos*, que a su vez es base de la palabra *Egipto*; el término egipcio que designaba a Egipto era *kemit*, o «tierra negra».
41. Menes es el nombre dado por los griegos al faraón Narmer; es la trascripción griega de la palabra egipcia *Menei*.
42. Plutarco *(De Iside et Osiride)* afirma que los egipcios representaban Egipto con un «corazón sobre un brasero ardiendo». Realmente, ¡qué imagen tan elocuente!

*inmortal, su fallecimiento significaba sólo su traspaso hasta el Cielo, la continuidad de un dios-hecho carne a otro dios-hecho carne, y, por consiguiente, la continuidad del orden cósmico y social estaba asegurada.*

Bajo la III dinastía, veremos aparecer las primeras «pirámides». El faraón Yoser encargó a Imhotep, su maestro de obras, la construcción de una mastaba[43] en Saqqara (al oeste de Menfis), de forma y dimensiones fuera de lo habitual. Este edificio, tras sufrir varias transformaciones, acabó convirtiéndose en una pirámide escalonada, de seis plantas.

Después de la V dinastía (hacia el año 2300 a. de C.), la civilización egipcia no sufrió prácticamente ninguna modificación relativa a su patrimonio cultural.[44] Así, el «tiempo histórico» se asociará al «tiempo cosmológico», manifestando el mito de la «perfección de los inicios», en cierto modo ¡la edad de oro!

Y los faraones se sucederán de la VI a la XI dinastía, de los Pepi a Mentuhotep.

## LOS IMPERIOS MEDIO Y NUEVO

El inicio de este periodo corresponde al momento en el que la supremacía de Menfis sucede a la de Tebas, la nueva capital religiosa de Egipto.

Este periodo en el que la ciudad de Tebas poseerá la preeminencia se extenderá del 2130 a. de C., con el reinado de Amenemhet[45] y de Sesostris, hasta el siglo XII a. de C.

Amenemhet construyó los inmensos templos de Heliópolis, Abydos y Karnak.

Sesostris II, por su parte, se reveló más tarde como un gran faraón guerrero de la XII dinastía.

---

43. Término que los egipcios utilizaban para designar la parte visible, superior, de las tumbas civiles egipcias en el Imperio Antiguo. Más tarde, por extensión, este término designó a la tumba en sí. Una capilla con muros decorados representaba la vida del difunto y se habilitaba en el interior. Desde allí, un pozo permitía acceder a la cámara mortuoria en la que se encontraba el sarcófago.

44. Tres grandes pirámides fueron erigidas unas décadas más tarde: dos en Dashûr y una en Maydûm, al sur de Saqqara.

45. Amenemhet I inauguró la XII dinastía, durante la cual la producción artística alcanzaría el máximo esplendor.

Si consideramos que el Imperio Medio se extiende aproximadamente desde el año 2000 hasta el 1750 a. de C., el Imperio Nuevo no aparecerá, después de un periodo intermedio de unos dos siglos, hasta el 1580 a. de C., con la llegada de la XVII dinastía, que verá cómo el faraón Ahmosis expulsa a los hicsos y reunifica Egipto.

A continuación, se inició la XVIII dinastía con los faraones Amenofis, la famosa reina Hatshepsut,[46] su sobrino y yerno, el conquistador Tutmosis III, y luego el no menos célebre Ajenatón, del cual hablaremos más tarde, así como el joven Tutankamón.

La XIX dinastía vio cómo durante el reinado de Ramsés I y de Seti I se expresó la magnificencia de Egipto, con sus majestuosos templos, principalmente el de Abu Simbel. Luego siguieron más faraones, de Ramsés I a Ramsés XI, en la XX dinastía,[47] y Egipto entró poco a poco en decadencia. En el último periodo, la capital de Egipto se desplazó de Tebas a Sais; esto fue así hasta la XXI dinastía. Egipto sufrió entonces múltiples invasiones por parte de libios, etíopes, asirios, etc. Harían entrada en el país, sucesivamente, Assurbanipal (663 a. de C.), Cambises (525 a. de C.) y Alejandro Magno (333 a. de C.), hasta la invasión romana (30 a. de C.).

## COSMOLOGÍA Y MITOLOGÍA EGIPCIAS

En la religión egipcia existen varias versiones míticas cosmogónicas, que ponen en escena toda una multitud de dioses[48] asociados a ciudades consideradas cada una de ellas como centro supremo cosmogónico de pleno derecho.

---

46. Resulta sorprendente que una mujer pudiera reinar en Egipto, de un modo, además, admirable, pero cabe decir que adoptó ciertas medidas de precaución después de que su padre, el faraón Tutmosis I, la llamara para compartir su trono con Tutmosis II. Ella consiguió, de hecho, hacerse proclamar de sexo masculino y de filiación divina. Por lo demás, ha quedado demostrado que fue ella misma quien inició su propia biografía, en la que indicaba que el dios Amón había visitado a su madre Ahmasi y que antes de marcharse le había predicho el nacimiento de una hija, mediante la cual se revelaría al mundo todo el poder de Dios. Fuera de esta «leyenda biográfica» se la representaba como un hombre, con todos los rasgos de un guerrero barbudo, y se la calificaba de «Hijo del Sol» y de «Señor de las Dos Tierras». También fue ella misma quien mandó construir su propia tumba, en la orilla occidental del Nilo, en lo que luego se convertiría en el Valle de los Reyes...

47. Los egiptólogos suelen denominar Imperio Nuevo al periodo que va de la XVIII a la XX dinastías.

48. Y eso sin tener en cuenta que a veces dichas divinidades son duplicadas: Ra-Atum, Ra-Osiris, Amón-Miu, Ptah-Tatenem...

En lo referente a los dioses creadores, Mircea Eliade indica:

*Todas las ciudades importantes situaban al suyo en primer plano. Los cambios dinásticos eran seguidos en muchas ocasiones por el cambio de capital. Esto obligaba a los teólogos de la nueva capital a integrar varias tradiciones cosmogónicas, identificando su dios local principal con el demiurgo.*

Sin embargo, si observamos el conjunto de versiones cosmogónicas,[49] podemos deducir el acto general genesiaco que se adapta al modelo «heliopolitano».

El Caos original, el *Nun*, contiene la simiente primordial. Este caos, no diferenciado, se asocia al dios Atum, que reposa virtualmente en él. Atum, cansado de su inercia, decide brotar del caos en forma de botón de loto. A partir de ese momento, se convierte en Ra, que caracteriza la manifestación solar de Atum, la divinidad suprema oculta.

De este dios primordial manifestado nacerán ocho principios *(neter)* o deidades, en forma de parejas: Shu y Tefnut, que designarán respectivamente la atmósfera y la humedad; Geb y Nut, la Tierra y el Cielo; Osiris e Isis, la pareja luminosa; Set y Neftis, la pareja de las tinieblas.

Así nació la «Enéada Sagrada»,[50] por emanación de la divinidad primordial.

«Atum divide su corazón en nueve partes», afirman de manera unánime los textos.

## Los misterios heliopolitanos

En Heliópolis (literalmente, en griego, «Ciudad del Sol»), sobre la «Colina de Arena» del templo del Sol, tiene lugar el acto genesiaco que muestra los *neter*, en el contexto de la Enéada:

*Oh, gran Enéada de los Neter que estáis en Heliópolis: Atum, Shu, Tefnut, Geb, Nut, Osiris, Isis, Set, Neftis, que Atum pone*

---

49. Siempre se da la emergencia de las Aguas primordiales bajo la forma de un montículo, de un huevo o de una flor de loto.
50. Esta Enéada Sagrada, vinculada por emanacionismo a la divinidad primordial, sugería el principio de «unidad-enéada», tan fundamental en el estudio comparado de las religiones, y al que regresaremos más adelante, sobre todo cuando hablemos de los mitos griegos.

*en el mundo por proyección de su corazón, como su propio nacimiento [...], que ninguno de vosotros se separe de Atum.*
(Sethe, Textos de las Pirámides)

En el contexto heliopolitano, Atum, surgido del océano cósmico primordial Nun, encarna el fuego virtual potencialmente contenido en el Agua que se coagulará en Tierra bajo la acción conjugada de los principios metafísicos sometidos al Neter-Neteru (Causa suprema o Dios único).[51] Como apuntó acertadamente John Wilson, hallamos aquí una doctrina que se acerca en esencia a la del Logos, el Verbo creador de la teología cristiana, principalmente en el Prólogo y el Evangelio según San Juan. Por otra parte, Atum se asocia a Rê (Ra: el Sol) y a Jepri (el escarabajo sagrado).[52]

Otro extracto de los *Textos de las Pirámides* añade:

*Atum se hace: tú te levantas como montículo primordial.*
*Te levantas como el pájaro de la piedra (ben-ben)*
*en la morada del Fénix*[53] *en Heliópolis.*
*Tú has escupido a Shu,*
*tú has expectorado a Tefnut.*[54]

Y de esta «atmósfera húmeda», de esta nube primordial, nacerían el Cielo (Nut) y la Tierra (Geb), que constituyeron así un auténtico *hieros gamos*, que sería luego diferenciado. Entonces, la vida en la Tierra se organizó bajo el influjo de la pareja luminosa (Osiris-Isis) y de la pareja de las tinieblas (Set-Neftis).

En Heliópolis también se veneraría al dios del Nilo (Hapi), río sagrado por excelencia que, con cada nueva crecida, fertilizaba la tierra sagrada gracias a sus aluviones.

---

51. Véase Schwaller de Lubicz, *Le Roi de la théocratie pharaonique*, col. «Champs», Flammarion.
52. Jepri o Khepri simboliza al sol saliente y significa «escarabajo», pero también «el que es», «el que existe» (con una noción de evolución), ya que el verbo *kheper* significa «venir a la existencia». El escarabajo, por tanto, resulta ser el símbolo de la «vida eterna», de la resurrección factible (¡aunque sea únicamente la del sol, todos los días!). La imagen del escarabajo servía como amuleto y talismán (como en la tumba de Tutankamón) y designaba la Divinidad en el corazón del faraón.
53. El fénix, ave fabulosa «que renace de sus cenizas» según la leyenda, se asociaba directamente a la ciudad de Heliópolis.
54. Las diferentes versiones hacen alusión a la Creación, como aquí, por una expectoración, o por una masturbación (traducción literal: «hacer salir el semen de sus riñones»): «Cogió su falo con su mano; hizo que entrara el gozo en él, y nacieron dos gemelos: Shu y Tefnut» (Sethe, *Textos de las Pirámides*).

Uno de los textos —extraído del *Libro de los Muertos*— que insistía en la importancia de Heliópolis nos dice lo siguiente:

*He recorrido todos los caminos de Sekhem a Heliópolis
para instruir al Fénix divino.*

En un texto anterior, se podía leer:

*Conozco el Nombre misterioso
de la gran Divinidad que está en el Cielo;
soy el gran Fénix de Heliópolis;
soy el guardián del Libro del Destino
donde está escrito todo lo que ha sido
y todo lo que será.*

El fénix, ave mítica de color rojo «que renace de sus cenizas», estaba considerado una manifestación del alma de Ra, directamente asociado a la Ciudad del Sol: Heliópolis.

El carácter profundamente sagrado vinculado a los «misterios de Heliópolis» es particularmente evocado en un capítulo posterior (capítulo 115) del *Libro de los Muertos*, donde el iniciado se expresa de la siguiente manera:

*Oh, vosotras, Almas perfectas, ¡sabedlo! Soy uno de los vuestros,
ya que conozco a los Espíritus divinos de Heliópolis.
¡En realidad, el saber del Gran Vidente[55]
no sobrepasa mi Saber oculto!
¿No he superado los obstáculos con mi energía?
¿No he dirigido la palabra a los dioses?
¡Pues entonces no! ¡Los demonios no podrán destruirme,
no a Mí, el Heredero de los dioses de Heliópolis!*

## Los misterios menfitas

La «teología menfita» fue formulada casi tres milenios antes de nuestra era, y el dios Ptah constituye su punto central.

---

55. El hierofante, sin duda alguna el sumo sacerdote de Heliópolis, como se desprende del final del capítulo.

El legendario Menes pasa por haberle dedicado la ciudad de Menfis. Así pues, es en este lugar privilegiado donde se enseñaba la obra de Ptah, que consistía en dar formas a la Creación (dios alfarero), y luego animarlas. Así, Ptah se identifica con un «demiurgo que crea a través del corazón (sede de su espíritu y del amor) y de la lengua (órgano del verbo)». Según un texto del Imperio Antiguo, recuperado en la XXV dinastía, bajo el reinado del faraón Shabaka, Ptah fue proclamado el más grande de todos los dioses. Es el que «ha permitido la existencia de los dioses».

Este mismo texto del Imperio Antiguo cita los nombres de los ocho *neter* que emanan de Ptah, que preexistía en el «*Nun* primordial» e indica que «bajo la apariencia de Atum, es el Ptah muy antiguo».

Ptah, por tanto, organizó el Cosmos gracias a la acción de la inteligencia creadora, expresada por el corazón, y del verbo creador, simbolizado por la lengua:

*Así, Ptah se sintió satisfecho después de crear todas las cosas y todas las palabras de los dioses. Realmente dio a luz a los Neter, construyó las ciudades, fundó las provincias y colocó a los Neter en sus lugares de adoración.*

*También determinó sus ofrendas y fundó sus santuarios; hizo sus cuerpos tal como ellos los deseaban. Así, los Neter entraron en sus propios cuerpos, de todas las especies de maderas, de todas las especies de minerales, de todas las especies de arcilla y de todas las especies de otros materiales posibles, en los que adoptaron forma.*

La representación del dios Ptah era antropomórfica. Se trataba de un personaje de cráneo afeitado, cuya frente tan alta parecía particularmente desarrollada.

Su postura era hierática, con el cetro[56] siempre colocado sobre su pecho, dejando traslucir una gran nobleza de alma que caracterizaba su estado. Una estatua de bronce y oro, que hoy se encuentra en el Museo del Louvre de París, dice mucho en este sentido.

---

56. Este cetro *(was)* era inicialmente un bastón pastoral. La denominación antigua de Tebas, capital del Nuevo Imperio, derivaba del nombre de este cetro.

## LOS MISTERIOS HERMOPOLITANOS

En Hermópolis,[57] en el Egipto Medio, la cosmogonía del lugar incluía un «Huevo-loto»[58] que nacía de las Aguas primordiales, en este caso del lago de Hermópolis,[59] asimilado aquí a un «montículo alto» (un lugar elevado).

El nombre sagrado antiguo de la ciudad de Hermópolis era Khmunu:[60] la «Ciudad de los Ocho», destacando así la «Ogdoada Sagrada» surgida del agua y del limón, constituida por ocho deidades (más concretamente cuatro masculinas y cuatro femeninas), que crearon la Luz mientras daban vida simultáneamente al demiurgo:

> *El niño sacrosanto, el heredero perfecto nacido de la Ogdoada, simiente divina de los primeros dioses anteriores.*[61]

Este demiurgo sería el dios Tot,[62] que se uniría a la Ogdoada para constituir de nuevo la Enéada Sagrada:

> *Tot, el dos veces grande, el más viejo, el señor de la ciudad de Hermópolis la grande, el gran Neter en Tentyris, el soberano Dios creador del Bien, corazón de Ra, lengua de Atum, garganta del Dios cuyo nombre está oculto (Amón), Señor del Tiempo, rey de los años, escriba de los anales de la Enéada.*[63]

## LOS MISTERIOS TEBANOS

Fue en la ciudad de Tebas donde se veneró principalmente al dios Amón.

Su función es ampliamente evocada en un papiro que data del periodo ramésida, el Papiro de Leyde:

---

57. La ciudad de Hermes (Tot-Hermes).
58. Este «huevo cósmico» no está desvinculado del simbolismo del «escarabajo pelotero» que se enrolla para convertirse en bola, ya que este último encarna al Sol, pero también al Huevo del Mundo, del que debía nacer la Vida.
59. Según algunas versiones, se trataba de una ciénaga, y este «huevo cosmogónico» salía de las entrañas de la «oca del Nilo» (¡el «Gran Graznador»!).
60. Su antiguo nombre civil era Un.
61. Véase Mircea Eliade, *op. cit.*
62. Aunque en algunas versiones se trataría, de hecho, del propio dios Ptah.
63. R. P. Festugière, *La Révélation d'Hermès Trismégiste*, París, 1944.

> *Tres dioses son todos los dioses: Amón, Ra y Ptah; no tienen igual. El de naturaleza [literalmente, el nombre] misteriosa es Amón; Ra es la cabeza; Ptah es el cuerpo. Sus ciudades en la tierra, establecidas para la eternidad, son Tebas, Heliópolis y Menfis, para siempre. Cuando llega un mensaje del cielo, se oye en Heliópolis; se repite en Menfis a Ptah; y se envía una carta, escrita con caracteres de Tot, hacia la ciudad de Amón (Tebas) con todo lo relacionado. La respuesta y la decisión se dan en Tebas, y lo que sale va dirigido a la Enéada divina, todo lo que sale de su boca, la de Amón. Los dioses son establecidos por él, según sus mandamientos.*
>
> *El mensaje consiste en matar o dar vida. Vida y muerte dependen de él para todos los seres, excepto para sí mismo, Amón, y para Ra o Ptah, unidad-trinidad.*

A pesar de esta noción triunitaria, Amón —el dios de nombre oculto— parece gozar de preeminencia en este contexto «tebano».

Como señala acertadamente Schwaller de Lubicz:[64] «Tebas representa la última fase del primer devenir real. Así es como la tríada cósmica que domina en Tebas, y cuya historia será el tema principal del templo de Karnak, está formada por Amón, Mut y el hijo de ambos, Jonsu (mientras que el templo de Luxor es el cumplimiento, el resumen humano de la Obra Cósmica, el templo de la concepción y del nacimiento del Hombre Regio)».

Tebas, la nueva capital de Egipto, por tanto, manifestará una auténtica hierofanía, como lo expresa con claridad el siguiente himno a Amón:

> *Homenaje a ti, Amón-Ra, señor de Karnak, residente en Tebas [...]. Tu eres único en tu antigüedad entre todos los dioses, toro de la gran enéada divina, jefe de todos los dioses, señor de la verdad, Padre de los dioses, autor de los humanos, creador de los animales, maestro de todo lo que existe. Tú has creado los árboles frutales, has hecho las hierbas para el ganado. Primogénito de Ptah, hijo del amor, a ti dirigen sus adoraciones los dioses, a ti, autor de las cosas de arriba y de las cosas de abajo, que iluminas las dos tierras.*

---

64. Schwaller de Lubicz, *op. cit.*

Maspero, por su parte, evoca a Amón como el Dios supremo de los teólogos tebanos: «El uno único, el que existe por esencia, el único que vive en sustancia, el único generador en el Cielo y la Tierra que no ha sido engendrado, el padre de los padres, la madre de las madres».

## Versión egipcia del Génesis y del Diluvio

El *Libro de los Muertos*, entre otros textos, nos transmite una versión bastante singular del Diluvio. Tras su salida del «caos» original, Ra, que irradiaba en el firmamento y «visitaba las doce provincias de su reino, pasando una hora en cada una de ellas», perdió uno de sus ojos. Sus dos hijos mayores salieron en busca del ojo sagrado de su padre.[65] Sin embargo, el otro ojo, por el sufrimiento de Ra, se puso a llorar, y de este torrente de lágrimas (*erme*) nacieron los humanos.

El ojo que faltaba fue luego encontrado, pero mientras tanto «había crecido» otro ojo en la órbita vacía, lo cual dio lugar al tercer ojo de Ra, que se lo colocó en el centro de la frente.[66]

Así pues, Ra fue quien dio origen a la humanidad. Esta reacción, sin embargo, no fue considerada digna de su creador, que decidió hacerla desaparecer luego por un diluvio. Ra blandió entonces su ojo divino, que adoptó esta vez la forma de la diosa Sakhmet con cabeza de leona.[67] Esta llevó a cabo una carnicería tal que Ra se vio obligado a provocar un diluvio para tranquilizar a la diosa y acabar con su acción destructora.

En este caso, se trata de una concepción muy particular del Diluvio, ya que este estaba constituido por el contenido de «siete mil cántaros» de un brebaje particular que se extendía por el suelo.[68] De hecho, se trataba de una mezcla de bebida fermentada[69] y zumo de granada. Este licor rojo alcoholizado, que recordaba hábilmente a la sangre por su color, desvió la atención de la diosa por la carne humana y consiguió que se emborrachara. La especie humana fue entonces salvada de una destrucción total.

---

65. El ojo de Ra, *Uadjit*.
66. Como el chakra o centro, *ajna*, en la tradición brahmánica.
67. Según algunas versiones, podría tratarse también de la diosa Hathor (con cabeza de vaca) que simboliza la feminidad, así como la fecundidad y la fertilidad.
68. Las tradiciones cananeas se sirven de un mito similar.
69. Probablemente se tratara de cerveza.

Ra reorganizó a continuación la Tierra antes de abandonarla definitivamente, montado sobre la diosa Nut metamorfoseada en vaca,[70] que lo llevó hasta su morada celeste.

¡Cabe reconocer aquí la imagen de la Vaca cósmica «regente y cuerpo» del cielo!

## LA LEYENDA DE ISIS Y OSIRIS

La pareja divina formada por Osiris e Isis desempeña un papel preponderante en el panteón egipcio.

Plutarco, en el siglo II d. de C., transmite el relato íntegro de su leyenda en el texto titulado *De Iside et Osiride*.

Osiris aparece como un rey legendario que gobernó Egipto con un gran sentido de la justicia, dando a conocer a su pueblo los frutos de la tierra y las leyes cósmicas.

Su hermano Set-Tifón[71] lo invita durante una comida a probar un gran cofre de madera decorada que había confeccionado en honor de aquel invitado que lo llenara exactamente. Evidentemente entonces Osiris fue asesinado por todos los invitados. Set se deshizo enseguida del cofre en el Nilo, para que su cuerpo llegara hasta el mar por la «desembocadura de Tanis».

Isis, su hermana y esposa —¿podemos ver en ello una alusión al álter ego, al «alma gemela» que expresa la perfecta complementariedad con el dios?—, es informada del terrible drama de la muerte de Osiris y, después de deambular desesperada, la viuda decide buscar los restos de su difunto esposo. Se entera, por unos niños que lo habían visto, del lugar en el que se encontraba el cofre.

Isis descubre también que «Osiris enamorado había tenido, por error, relaciones con Neftis, hermana de Isis, al confundirla con esta».[72] De la unión de Osiris con Neftis, esposa de Set (Tifón), había nacido un niño llamado Anubis, que se convertiría en el dios cinocéfalo psicopompo, conductor de almas.[73]

---

70. Lo que recuerda a otra diosa que adopta la forma de un bóvido: la diosa Mehurt.
71. *Tifón* se asemeja al griego *tupeiv*, que significa «ahumar», «cegar». Como indica Plutarco, «Tifón es cegado por el humo de la ignorancia y del error» *(De Iside et Osiride)*. Plutarco apunta también más adelante que *Set*, por su parte, significa «fuerza opresora y apremiante».
72. Plutarco, *De Iside et Osiride*.
73. En el mito de la concepción de Anubis encontramos la intervención de la luz (Osiris) y la oscuridad (Neftis, como hermana y esposa de Set) situando «al que abre los caminos» fúnebres en relación simbólica con la puesta de sol crepuscular...

Asimismo, Isis descubre que un tamarindo había rodeado el cofre al crecer a su alrededor y lo ocultaba. El rey de Biblos, Maleandro,[74] había decidido entonces cortar el tronco y hacer con él una columna para sostener el techo de su palacio.[75]

Isis, gracias a su incomparable encanto, no tuvo ninguna dificultad para llegar a ser la amiga íntima de la reina Nemanus. Se convirtió en la nodriza de su joven hijo, al que llevó progresivamente hacia la senda de la inmortalidad. La reina, al reconocer en ella a la diosa Isis, aceptó devolverle el sarcófago de Osiris, oculto en la columna del palacio.

Isis, antes de regresar a Buto, en donde había dejado a su hijo Horus,[76] decidió depositar los restos de Osiris en un lugar seguro, pero Set-Tifón, al caer la noche, lo descubrió y lo cortó en catorce pedazos[77] que repartió por todo el país.

Isis se puso entonces a buscar todos los trozos del cuerpo de su esposo, para darle una sepultura decente en cada uno de los lugares. Los halló todos menos el miembro viril, que Tifón había arrojado al río y que había sido devorado por los peces. Isis lo sustituyó por un objeto simbólico que enterró.

Por su parte, Horus, ya adulto, decidió vengar a su padre Osiris. Este regresó de los Infiernos para apoyar a su hijo en su lucha contra Set-Tifón. Tifón consiguió arrancar un ojo a Horus, pero este lo recuperó y se lo ofreció a su padre. Según los *Textos de las Pirámides*, así fue como Osiris logró resucitar.

Horus, descendido a los Infiernos tras librar una batalla con Set-Tifón, saca a su padre de su torpor con las siguientes palabras: «¡Osiris! ¡Mira, Osiris! ¡Escucha! ¡Levántate! ¡Resucita!».

Horus fue coronado rey, mientras que Isis dejó desgraciadamente escapar a Set-Tifón. Horus, furioso, arrancó por despecho la diadema real de Isis. Tot reemplazó entonces esta corona por un tocado con cabeza de vaca,[78] y se siguió produciendo la lucha

---

74. Según Isidore Lévy (en *Revue archéologique*, junio-julio, 1904), este rey de Biblos sería, de hecho, Malk-Addir, el Señor del Reino de los Muertos, entre los fenicios.

75. Imagen arquetípica del Eje del Mundo, el *axis mundi*, que une el Cielo a la Tierra.

76. Según otras versiones, Isis consiguió hacerse fecundar por el cadáver de Osiris. Luego, oculta entre los papiros del delta del Nilo, habría dado a luz a su hijo Horus. Plutarco menciona también esta «procreación post mórtem», pero la relaciona con otro hijo, salido de un loto: Harpócrates (que, por otra parte, fue asimilado a Horus niño).

77. Según Diodoro de Sicilia, Tifón (Set) lo dividió en veintiséis partes.

78. De ahí la asimilación en ocasiones de Isis con la diosa Hathor, la Venus egipcia. ¡De hecho, en *El asno de oro* de Apuleyo, Isis es calificada de «Venus celestial», «Venus de Pafos».

perpetua entre la luz y las tinieblas, asegurando la perennidad en la renovación cíclica de las fuerzas universales. Tot pasa de hecho por haberse esforzado, en su propia sabiduría, en instaurar la paz entre Set y Horus, y reconciliar así los dos principios contrarios, al establecer los límites respectivos de sus ámbitos de acción (véase Maspero, *Histoire des anciens peuples*).

Osiris fue, por tanto, un «dios asesinado» que, gracias al amor de su esposa y de su hijo y a la benévola Providencia, logró resucitar.

En su obra *Religions de l'ancienne Égypte*, Viret menciona la devoción que existe en los lugares en los que se cree que quedó un fragmento de Osiris:

*Había en Egipto varias tumbas de Osiris,[79] tantas como fragmentos había hecho Set, su asesino, con su cuerpo despedazado. Sin embargo, sobre todo cerca de la tumba de Abydos es donde una gran cantidad de egipcios píos querían ser enterrados o, como mínimo, representados con una estela después de morir.*

Se decía que la cabeza de Osiris había sido enterrada en Abydos, y este antiguo santuario era considerado sagrado por todos, y particularmente venerado bajo el reinado de Seti I. El gran egiptólogo Mariette-Bey[80] emprendió incluso excavaciones en Abydos, pero en vano, si bien descubrió los cimientos de la antigua Thini, donde había nacido Menes, y halló el santuario de siete capillas del faraón Seti I.

Los misterios vinculados a la muerte y resurrección de Osiris se celebraban tradicionalmente en Egipto bajo la forma de drama. Se trataba de auténticas fiestas que conmemoraban la resurrección del Dios; para simbolizarla, los sacerdotes mezclaban granos de trigo y cebada con tierra, como representación del cadáver de Osiris. Se enterraba todo y, cuando las semillas germinaban,[81] Osiris resucitaba. La asimilación con el culto agrario, por tanto, era inequívoca, asegurando así la permanencia ritual de la renovación estacional.

---

79. Es conveniente citar sobre todo la «isla de Philae», el «campo sagrado» que Diodoro y Plutarco evocaron.

80. A. E. Mariette-Bey (1821-1881), entre otras cosas, descubrió la tumba de los Apis, al hallar el Serapeum de Menfis. Además, fue el creador del Museo de Boulaq.

81. Véase V. Loret, *Les Fêtes d'Osiris*; A. Moret, *Rois et Dieux d'Égypte*; G. Frazer, *Adonis, Attis, Osiris*.

Cabe añadir a esta conmemoración la ceremonia del «levantamiento del Djed» (o «Zed»), celebrada sobre todo en Busiris (Djedu). Se trata del símbolo jeroglífico que aparece en numerosos templos y papiros, en los que se observa un eje amplio cortado en cuatro barras perpendiculares. La ceremonia equivalía al levantamiento ritual de la momia de Osiris; estaba en posición horizontal, y era puesta en vertical, de manera que el dios iniciaba su victoria definitiva sobre la muerte...

## Los misterios de Isis y el reino del más allá

La diosa Isis encarna perfectamente lo eterno femenino: Diosa-Madre asociada a la fecundidad y al misterio de la Vida, pero también a la luz estelar, al astro nocturno y a la ligereza fluídica del ambiente crepuscular. Está considerada a un mismo tiempo la esencia sutil y diáfana, y la sustancia matricial que contiene el germen divino. Plutarco escribió con referencia a esto: «Las vestiduras de Isis muestran todo tipo de colores mezclados, porque su poder se extiende sobre la materia que recibe todas las formas y que sufre todas las vicisitudes».

En Sais, en el frontón del templo, se podía leer, sobre la diosa tutelar Neith, confundida aquí con Isis: «Soy todo lo que ha sido, todo lo que es y todo lo que será, y mi velo jamás ha sido levantado por ningún mortal».

Para los egipcios, el mes de Famenot (séptimo mes del año) celebraba la entrada de «Osiris en la luna» (Plutarco, *De Iside et Osiride*), la unión sagrada de Isis y Osiris durante la luna llena primaveral (finales de febrero-principios de marzo).

A través de las numerosas representaciones de la barca solar en el *Libro de los Muertos*,[82] que constituye la guía del más allá, el simbolismo de la unión del Sol y de la Luna, o de Osiris e Isis, se deja traslucir perfectamente. Esta conciliación de los principios opuestos y, como consecuencia, complementarios —según el antiguo adagio *Contraria sunt complementa*— debía permitir al iniciado alcanzar la iluminación salvadora.

En ocasiones, Isis y Osiris fueron representados en la barca solar, como, por ejemplo, en Abydos: Isis, arrodillada, se enfrenta

---

82. El *Libro de los Muertos* —o *Avanzando hacia la luz del día*— fue atribuido tradicionalmente al propio dios Tot.

aquí a su esposo y parece estar en un éxtasis total. Esta escena refleja una emotiva gracia y una profunda serenidad.

Durante el Imperio Nuevo, los teólogos egipcios desarrollaron la síntesis religiosa Osiris-Ra —expresión del fenómeno conocido como «de solarización»—, lo que aseguró un prestigio considerable al culto de Isis y Osiris. A ello cabe añadir que en el periodo tolemaico y de helenización de Egipto, a principios del siglo II a. de C., Tolomeo I Soter decidió asentar su reinado sobre una divinidad suprema reconocida tanto por egipcios como por griegos, el dios Serapis (en realidad, Oserapis, por una contracción entre Osiris y Apis), y los misterios del nuevo dios reforzaron los de Osiris e Isis.

Estos misterios, a todas luces, prolongaron un determinado número de ceremonias del antiguo Egipto. Su propagación comprendía grandes fiestas públicas, pero también ritos propiamente secretos, a los que Apuleyo se refiere directamente en *La Metamorfosis o El asno de oro* en su libro XI.

Las dos grandes fiestas públicas guardaban relación —sobre todo en el periodo romano— con el mito de Osiris e Isis, reactualizándolo ritualmente. Se trataba de Navigium —o Barco de Isis—, vinculado a la navegación de primavera, e Inventio (descubrimiento de fragmentos del cuerpo de Osiris), que se desarrollaba tradicionalmente del 29 de octubre al 1 de noviembre. A estos días de lamentaciones, que sugerían la búsqueda por Isis de los restos fúnebres de Osiris, seguía sin transición la fiebre de celebración vinculada a la reconstitución y a la resurrección del dios.

El carácter propiamente secreto revestido por la iniciación del misto (iniciado) llevaba a este, tras abluciones purificadoras, a renacer en Osiris resucitado:

> *He alcanzado los confines de la muerte; tras pisar el umbral de Proserpina, he regresado traído por los elementos. En plena noche, he visto el sol brillar; he podido contemplar, frente a frente, a los dioses infernales y a los dioses celestiales, y los he adorado de cerca.*
> (Apuleyo, La Metamorfosis o El asno de oro, *libro XI, 23*)

Así, el misto aparecía al día siguiente de esta noche iluminadora con la frente adornada con una corona de palma, teniendo ante él la estatua que representaba a Isis, que le desvelaba secretamente sus misterios[83] y lo llevaba gradualmente hacia su propia «adivinación». El misto se volvía por tanto en ese sentido parecido a su dios Osiris, tal como fuera reanimado por Isis y tal como resucitara gracias a la intervención constante de la diosa.

Y si el que, mediante la muerte, sufría la iniciación última —el faraón, y luego más tarde los dignatarios, e incluso el pueblo en el Imperio Nuevo— tenía que morir y resucitar en Osiris, la presencia de Isis era todavía indispensable, puesto que las palabras y el aliento misterioso de Isis (con la cruz símbolo de vida, el *ankh*) conferían la vida eterna a los difuntos.

Se añadía así un valor soteriológico a la función de la pareja divina, que asumió todavía mayor importancia con la democratización del ritual funerario, ya que entonces todo difunto, no sólo el faraón, podía aspirar a convertirse en «heredero de los dioses».[84]

La identificación entre el viaje nocturno del Sol (Ra) y el difunto asociado a Osiris se había establecido desde el punto de vista simbólico y teúrgico. «Los muertos se alegran cuando brillas para el gran dios Osiris, señor de la eternidad», proclama el himno a Ra.

El viaje funerario realizado en el dominio del Duat y el Amenti, con sus doce etapas fundamentales, debía conducir al difunto a su liberación total, evitando de ese modo la «segunda muerte».[85]

El motivo del embalsamamiento del difunto, a semejanza del de Osiris, era básicamente la separación completa del Ka —o «doble espiritual» (psíquico)— de la corporeidad y su conservación. Este principio, sin embargo, debía diferenciarse del alma propiamente dicha, sin duda el Ba, representado por un ave con cabeza humana.

Se celebraba el juicio del alma, y la escena utilizada con mayor frecuencia era la de una balanza, en uno de cuyos platillos se

---

83. La iniciación sigue con un banquete ritual. Después de todo un año, por petición de Isis, el misto debía reconocer «los misterios nocturnos del dios supremo» (*La Metamorfosis o El asno de oro*, libro XI, 28), en relación indudable con la Inventio de Osiris. Apuleyo, sin embargo, no dice nada de la última prueba iniciática.

84. Expresión literal extraída del *Libro de los Muertos*.

85. Esta «segunda muerte» es evocada en particular en los capítulos 44, 130, 135, 136, 175 y 176 del *Libro de los Muertos*. Véase Patrick Rivière, en *Réfléxions sur la Mort*, obra colectiva, Editorial De Vecchi.

ponía el corazón del difunto,[86] mientras que en el otro reposaban los símbolos de la justicia *(Maat)*: el ojo o la pluma. Los dioses Horus, Anubis, Tot y Neftis también estaban presentes en la mayoría de escenas que ilustra el *Libro de los Muertos*, como muestran numerosos papiros: Ani, Anhai, Hunefer, etc.

## HORUS Y LA TEOCRACIA FARAÓNICA

El dios Horus, representado por un halcón o un gavilán, heredó el carácter solar vinculado a su padre Osiris. Horus era evocado con frecuencia en Egipto, en ocasiones bajo el aspecto de un gavilán visto de perfil, con la cabeza situada bajo una serpiente que formaba el círculo solar (Horus-Ra),[87] y en ocasiones con la cabeza coronada con la tiara faraónica. Horus, heredero de Osiris, representa simbólicamente el arquetipo de faraón, heredero este mismo del dios Amón. De hecho, el fenómeno de «solarización» de Amón, convertido por este motivo en Amón-Ra, no hizo más que acentuar bajo el Imperio Nuevo los aspectos que vinculaban tradicionalmente al faraón con la divinidad solar. Veamos a modo de ejemplo lo que se escribió sobre el faraón Ramsés III:

> *El hijo de Amón-Ra, que reina en su corazón, al que ama más que todas las cosas y que está cerca de él. Él es la imagen resplandeciente del señor del universo y una creación de los Neteru de Heliópolis... Su padre divino lo creó para aumentar su esplendor. Es el huevo inmaculado, la simiente refulgente que ha sido cuidada por las dos grandes Diosas de la magia. El propio Amón lo ha coronado en su trono en Heliópolis, en el Alto Egipto. Ha sido elegido como pastor de Egipto y defensor de los hombres. Él es el Horus que protege a su padre; el hijo mayor del dios «Toro de su madre»; Ra lo ha engendrado con el fin de crearse una posteridad brillante sobre la tierra, para la salvación de los hombres y a viva imagen suya.*
> (A. Erman y H. Ranke, La Civilisation égyptienne)

---

86. Mientras que en el *Libro de los Muertos* se tendía a confundir el «pesaje del corazón» y el «proceso» del alma, en los *Textos de los Sarcófagos* los dos actos son claramente diferenciados.
87. El «ojo divino» era indistintamente considerado como ojo de Horus y ojo de Ra.

Por tanto, el faraón era considerado un «rey-sacerdote», hijo de Amón-Ra. A. Moret escribe en su estudio *Du caractère religieux de la royauté pharaonique*:[88]

*Egipto ha conocido por tanto una concepción original de la realeza religiosa: el Faraón se distingue de los demás reyes-sacerdotes por el hecho de estar vinculado por nacimiento a los dioses, así como por la dignidad sacerdotal. Él es dios, porque es sacerdote como hijo de los dioses.*

*Esta concepción de una realeza a la vez divina y sacerdotal [...] aparece desde los primeros tiempos actualmente conocidos de la historia de Egipto; el régimen político que se desprende ha resistido a cuarenta siglos de aplicación y ha resultado ser el elemento más duradero, el más inaccesible a las revoluciones de la civilización egipcia.*

*El surgimiento transitorio de la clase sacerdotal en la realeza tal vez alterara las relaciones recíprocas del rey y los dioses, subordinando a la majestad divina al humilde mortal, sacerdote de Amón, ascendido a la categoría de rey debido a una feliz casualidad.*

*Sin embargo, si bien la persona de los reyes coyunturales sufrió durante algunos siglos una disminución de autoridad, el principio de la realeza, divina y sacerdotal, sobrevivió hasta el periodo romano y sólo desapareció cuando lo hizo la religión egipcia, por los efectos del cristianismo.*

Como declaró sin ambages Mircea Eliade:[89] «El Faraón es la encarnación de la *Maat*, término que se traduce por "verdad", pero cuyo significado general es "buen orden" y, por consiguiente, "derecho", "justicia". La *Maat* pertenece a la Creación original: por tanto, refleja la perfección de la Edad de Oro».

Si nos referimos a los *Textos de las Pirámides* —que no han sufrido la «democratización» planteada a propósito del *Libro de los Muertos*, en su aplicación— parece que el faraón pueda extender su visión hasta más allá incluso de Osiris, al no ser sometido a su juicio:

---

88. A. Moret, *Du caractère religieux de la royauté pharaonique*, ed. E. Leroux, París, 1902.
89. Mircea Eliade, *op. cit.*

*Tú miras por encima de Osiris...*
(Textos de las Pirámides, 251)

*Rê-Atum no te entrega a Osiris, que no juzga tu corazón y no tiene poder sobre tu corazón...*
(Textos de las Pirámides, 145)

*Tú abres tu lugar en el Cielo entre las estrellas del Cielo, porque eres una estrella...*
(Textos de las Pirámides, 251)

No obstante, en consideración de las responsabilidades temporales del faraón, inherentes a su función de soberano, la casta sacerdotal desempeñaba un papel fundamental. A los sacerdotes se les pedía que desempeñaran una función cada vez más importante, sobre todo en la XVIII dinastía, en la que el sumo sacerdote de Amón acabó gozando de una importante autoridad. Convertido en el segundo personaje de Egipto, se encargaba de la administración de los bienes del dios. Ante este estado de las cosas, el faraón Amenofis IV decidió acabar con la autoridad del sumo sacerdote. Empezó por arrebatarle sus privilegios, y luego le hizo dudar del culto a Amón. Amenofis IV sustituyó a este dios por el dios Atón, de quien aseguraba ser la única manifestación:

*Estás en mi corazón y nadie más te conoce, con excepción de tu hijo, al que has iniciado en tus planes y en tu poder.*

Llegó incluso a cambiar su propio nombre: de Amenofis o Amenhotep («Amón está satisfecho») pasó a llamarse Ajenatón («El que sirve a Atón»). Atón, el disco solar, era ya venerado bajo el aspecto visible de Ra, que distribuye su luz divina. Ajenatón, por tanto, eliminó a Amón y a los demás dioses para beneficio del «único Dios, puesto que no hay otro», como apunta uno de los himnos en que Ajenatón exalta a Atón. Cabe decir que este ingenioso faraón —esposo de la reina Nefertiti— era, además, filósofo y poeta. Son famosos estos maravillosos himnos a Atón:

*Has creado el Nilo en el mundo de abajo,*
*lo diriges hacia donde quieres para que alimente a los hombres,*

> *eres el señor de todos, y por ellos sufres,*
> *tú, Señor de todos los países,*
> *poderoso Señor del día,*
> *eres el Único y eres el Sol Vivo. Has creado solo*
> *a millones y millones de seres.*
> *Ciudades, aldeas, campos, caminos y ríos,*
> *todas las cosas y todos los seres te ven sobre ellos*
> *cuando brillas por encima de la tierra.*
> *Estás en mi corazón y, salvo mi hijo el rey,*
> *nadie puede conocerte.*
> *Tú le ofreces tu naturaleza y tu fuerza.*
> *Todo lo que ocurre en la tierra se debe a ti.*
> *Si sales, los hombres viven. Si te pones, mueren.*
> *Eres la longitud de la vida, eres lo que da la vida.*
> (A. Erman, La Religion des Égyptiens)

Esta «reforma» resulta ser completa, ya que Ajenatón abandona la capital religiosa de Tebas y se traslada a Tell-el-Amarna, bautizada para la ocasión como Ajetatón, situada a 500 km al norte de la ciudad de Amón.

La reforma de Ajenatón se llevó a cabo en todos los ámbitos, principalmente en el arte figurativo, ya que fue en un principio un arte de estilo «naturalista», de Amarna. Recordemos la representación de los rayos solares terminados en manos, que se extienden por la Tierra, como símbolo de la vida eterna (la cruz *ankh*). Se ha hablado mucho de esta reforma, hasta el punto de llegar a afirmar que con ella Ajenatón aportaba las premisas del monoteísmo. Sin embargo, ¿podemos apoyar realmente esta afirmación si pensamos en que la expresión «Dios único» empleada por Ajenatón en sus himnos se perfilaba ya un milenio antes, aplicándose en ocasiones a Atum y en ocasiones a Amón, considerando al Sol como una emanación divina?[90]

Por tanto, no se podía hallar, a lo sumo, más que una tentativa de retorno a la Unidad principal, fuente de la Enéada, en palabras de Ajenatón: «¡Gloria a ti, oh, Sol, niño divino!... Tus rayos aportan la vida a los puros y a quienes están preparados. [...] Tú eres el primogénito, el Hijo de Dios, el "Verbo"».

---

90. A menos que se tratara de un culto naturalista y poético del Sol... que es algo de lo que dudamos, habida cuenta de las preocupaciones sumamente místicas de Ajenatón.

Lo cierto es que bajo el reinado pacífico, diríamos incluso que laxista, de Ajenatón, Egipto perdió su imperio asiático. Esta «reforma» sólo duró el tiempo del reinado de su instigador. Su sucesor Tutankamón volvió a establecerse en Tebas y el sumo sacerdote celebró de nuevo el culto del dios Amón.

La esfinge Harmakis, de los tiempos más remotos de la historia de Egipto, nos invita a abandonarla bajo el signo del misterio y del esoterismo subyacente a esta «Tierra negra» de la Revelación divina.

## Textos de Herodoto (siglo V a. de C.)

Acerca del sacerdocio egipcio:

*Ninguna mujer posee el sacerdocio de una divinidad de uno u otro sexo; los hombres son los sacerdotes de todas las divinidades.*

*En cualquier lugar, los sacerdotes de los dioses muestran una larga cabellera; en Egipto, en cambio, se afeitan; los otros hombres tienen la costumbre de cortarse el pelo cuando están de luto por sus parientes cercanos; los egipcios, en honor a los muertos, dejan que les crezca en la cabeza y el mentón, el pelo y la barba que se afeitaban. [...] Puesto que son los más religiosos de todos los humanos, tienen las siguientes costumbres: beben en una copa de bronce que limpian todos los días; y eso no lo hacen sólo algunos, sino todos. Llevan ropa de lino y procuran que esté siempre muy limpia. Son circuncidados por limpieza, y consideran que es mejor ir limpio que ser hermoso. Cada tres días, los sacerdotes se afeitan el cuerpo entero, para que ni piojos ni cualquier otra miseria les mancille mientras sirven a los dioses. Sólo visten ropa de lino y zapatos de corteza de papiro.*

Acerca de algunos animales sagrados:

*Para algunos egipcios, el cocodrilo es sagrado;*[91] *para otros, no lo es; estos últimos lo tratan como enemigo. En los alrededores de Tebas y del lago Moeris, los habitantes creen que es sagrado.*

---

91. El dios-cocodrilo Sobek, que gobierna sobre el agua y la fertilidad, era venerado en Kom-Ombo y en El Fayum.

*Cada persona cría un cocodrilo, que es domesticado por la educación; le cuelgan en las orejas colgantes y aros de cristal y de oro; le colocan brazaletes en sus patas delanteras; le dan alimentos escogidos, procedentes de los sacrificios. Mientras vive, lo cuidan de la mejor manera; cuando muere, lo embalsaman y lo inhuman en sepulturas consagradas. En cambio, los habitantes del territorio de Elefantina comen cocodrilos, porque no los consideran en absoluto sagrados. El nombre de este animal no es cocodrilo, sino «champse». Los jónicos lo denominan cocodrilo porque su forma les recuerda la de los lagartos que nacen bajo las tapias.*

*Los egipcios tienen varias maneras para atraparlos; voy a describir a continuación la que me parece más digna. El pescador, después de preparar un anzuelo con el lomo de un cerdo, lo deja en el medio del río; en la orilla sostiene a un pequeño cerdo vivo y lo golpea. El cocodrilo, al oír los chillidos, corre hacia el lugar del que proceden y, al encontrarse con el cebo, lo engulle. Entonces los hombres lo sacan del agua; cuando está en tierra, lo primero que hace el pescador es taparle los ojos con arcilla. Una vez cegado, el animal es bastante manso; si no fuera así, sería muy difícil pescarlo.*

*Los hipopótamos, en el nomo de Papremis,[92] son sagrados;[93] para los demás egipcios, no lo son. Veamos la naturaleza y la forma de este animal: es cuadrúpedo, tiene los pies hendidos, con pezuñas de buey; su nariz es chata; tiene unos colmillos prominentes; posee melena y cola de caballo y relincha igual que este animal; su volumen es el de los bueyes más fuertes; su piel es de tal grosor que se hacen con ella mangos de venablo cuando se seca.*

*En el río también hay nutrias; y se las considera sagradas. Entre los peces, el lepidoto y la anguila están dedicados, según se dice, al Nilo; y entre las aves, la oca de Egipto. Hay otra ave sagrada a la que llamamos fénix; yo no la he visto nunca, salvo en dibujos, ya que no suele aparecer por Egipto. Aparece cada quinientos años, según dicen los habitantes de Heliópolis; y añaden que*

---

92. *Nomo* equivalía a provincia o distrito.
93. El dios-hipopótamo Tueris era venerado por las mujeres embarazadas.

*llega cuando muere su padre. Si existe realmente como se la representa, el plumaje de sus alas es rojo y dorado; por su tamaño, se parece sobre todo a un águila. Veamos a continuación lo que hace, aunque es algo que no me parece muy creíble. Según dicen, alza el vuelo en Arabia, lleva al templo del Sol, en Heliópolis, a su padre envuelto en mirra y lo sepulta de la manera que sigue: amasa mirra y forma un huevo tan grande como le permiten sus fuerzas llevar; cuando ha probado qué peso soporta, ahueca el huevo e introduce en él a su padre; luego, con más mirra, rellena los huecos para recuperar el peso anterior; para terminar, lleva el huevo a Egipto, al templo de Heliópolis.*

*En los alrededores de Tebas pueden verse serpientes sagradas que no hacen daño a las personas; son muy pequeñas y tienen unos cuernos en la parte superior de su cabeza; cuando mueren, se las entierra en el templo de Júpiter, porque se dice que están dedicadas a este dios.*

*En Arabia hay una región situada casi ante la ciudad de Buto; me dirigí allí para informarme de las serpientes aladas; cuando llegué, vi huesos y espinas de serpiente en unas cantidades imposibles de describir; había numerosos montones de espinas, unos enormes, otros medianos y otros más pequeños. El lugar por el que se extienden estas espinas es el paso de un estrecho valle a una amplia llanura, contigua a la de Egipto. Se dice de ello lo siguiente: al regreso de la primavera, las serpientes aladas se dirigen desde Arabia hasta Egipto; pero los ibis salen a su encuentro en este pasaje, les impiden entrar y las matan. Por ello, los árabes dicen que el ibis es muy venerado por los egipcios; estos están de acuerdo en esta veneración y sus orígenes. La forma del ibis es la siguiente: es todo de un color negro muy oscuro, con patas de grulla; su pico está bastante curvado, y su tamaño es el del crex. Este es el aspecto de estos negros adversarios de las serpientes; pero los ibis (los hay de dos especies) que se encuentran mayormente cerca de los humanos tienen la cabeza y el cuello pelados, poseen plumaje blanco, salvo en la cabeza, el cuello, el borde de las alas y el extremo de la cola, que son de un negro muy denso; sus patas y su pico son igual que los de la otra especie. Las serpientes tienen un aspecto semejante al de las culebras de agua; sus alas, sin plumas, se parecen mucho a las de los murciélagos. Que lo que acabo de decir de los animales sagrados sea suficiente.*

## El himno al Sol, de Ajenatón

*Tu amanecer es bello en el horizonte del cielo,
¡oh, Atón vivo, comienzo de vida!
Llenas las tierras todas con tu belleza;
tú eres Ra y te has llevado a todos cautivos:
has ligado a todos con tu amor.
Estás lejos, pero tus rayos alcanzan la tierra.
Eres el rostro de los hombres,
y no se conocen tus llegadas.
Cuando reposas en el Occidente bajo el horizonte,
la tierra está sumida en una sombra
semejante a la de la muerte.
Los hombres duermen en sus casas,
con sus cabezas cubiertas, sus orificios nasales obstruidos,
ningún ojo ve a otro. Se les roba a los durmientes
todos sus bienes, colocados bajo la cabeza,
sin que se den cuenta.
Los leones salen de su cueva,
y todos los animales venenosos muerden. Está oscuro,
la tierra está en silencio,
el que ha creado a los seres reposa en su horizonte.
Al alba resplandeces en el horizonte [...].
De día, expulsas la oscuridad [...].
Los Dos Países se despiertan en fiesta,
los hombres se ponen en pie,
sus brazos se abren para adorar su salida:
toda la Tierra hace su obra.
Todo el ganado está feliz con su pienso;
los árboles y las plantas verdean,
y los pájaros vuelan hasta sus nidos;
sus alas se abren, adorando tu alma.
Todas las cabras brincan por los campos,
todo lo que vuela y bate las alas
vive cuando tú brillas.
Los barcos suben y bajan por el Río.
Todos los caminos se abren porque tú apareces.
Los peces del río saltan ante ti;
tus rayos llegan al fondo del mar.
Desarrollas el germen en el seno de las mujeres
y de la simiente haces hombres,*

*manteniendo al hijo en el seno de su madre,*
*y calmándolo para que no llore;*
*nodriza en el seno,*
*das a lo que creas el aliento que le anima.*
*Cuando el niño sale del seno [...]*
*el día de su nacimiento,*
*abres su boca*
*y atiendes sus necesidades.*
*El pollo que hay en el huevo habla en su cáscara;*
*porque tú le das el Aliento en el interior*
*para que viva.*
*Tú le has dado en el huevo el poder de romperlo;*
*sale del huevo para chillar tanto como pueda;*
*y, nada más salir, camina sobre sus patas.*
*Tus rayos alimentan los campos.*
*Resplandeces y ellos viven.*
*Tienen abundantes cosechas para ti.*
*Tú has creado las estaciones*
*para mantener con vida todo lo que has creado.*
*El invierno para refrescarlas,*
*el calor.*
*Has creado un cielo lejano*
*para brillar y mirar desde allí*
*todo lo que has creado.*
*Eres el único que resplandece*
*bajo tu aspecto de sol vivo;*
*tanto si apenas apareces*
*como cuando estás al límite del fragor.*
*Tanto si estás lejos o te acercas,*
*has creado millones de formas de ti mismo,*
*ciudades y pueblos, campos, caminos y ríos.*
*Todos los ojos te contemplan ante sí*
*cuando eres el sol de día, allí arriba.*
*¡Qué numerosas son tus obras,*
*misteriosas a nuestros ojos!*
*Único dios, tú, dios sin igual,*
*has creado la tierra según tu corazón,*
*cuando estabas solo,*
*los hombres, todos los animales domésticos y salvajes,*
*todo lo que está en la tierra y camina sobre sus pies,*
*todo lo que está en el cielo y vuela con sus alas;*

*los países extranjeros, Siria y Nubia,*
*y la tierra de Egipto.*
*Has puesto a todos los hombres en su lugar*
*y te ocupas de sus necesidades.*
*A cada cual su alimento y su tiempo de vida.*
*Sus lenguas son diferentes en palabras,*
*también lo son sus caracteres,*
*y su color de piel es distinto,*
*has diferenciado las regiones.*
*Tú creas el Nilo de los Infiernos*
*y lo haces brotar por amor*
*para que vivan sus moradores*
*porque los has hecho para ti,*
*su Señor; a causa de tu solicitud.*
*Oh, Señor de todos los países,*
*tú resplandeces por ellos,*
*Sol del día, de gran poder;*
*has dado vida a todos los países más lejanos,*
*les has dado un Nilo en el cielo*
*para que descienda sobre ellos,*
*y bata los collados con sus olas*
*y riegue sus campos entre los pueblos.*
*Todos los seres que caminan,*
*desde que has fundado la tierra,*
*tú los crías para tu hijo, salido de tu carne,*
*el rey de los Dos Egiptos,*
*que vive de la Verdad [...]*
*cuya vida es larga;*
*y para su gran esposa real, a la que ama,*
*la señora de los Dos Países,*
*viva y floreciente*
*por siempre y jamás.*
*(XVIII dinastía, Ajenatón, 1370-1352 a. de C.)*

# DE LA CIVILIZACIÓN CRETENSE A LA GRECIA ANTIGUA

## LAS TRADICIONES RELIGIOSAS MINOICAS DE CRETA

> *Y en Creta se encuentra Cnosos, la gran ciudad, donde durante nueve estaciones reinó Minos, el amigo todopoderoso de Zeus.*
> HOMERO

En la isla de Creta, la cultura neolítica, presente desde el V milenio a. de C., desapareció hacia mediados del III milenio, cuando los inmigrantes procedentes del sur y del este colonizaron la isla. Generalmente, se designa la historia de Creta bajo la denominación de cultura minoica,[94] a causa del legendario rey Minos, y normalmente se divide en tres periodos:

— «minoico antiguo»: del III milenio (2700 a. de C.) a principios del II milenio a. de C.;
— «minoico medio»: desde el II milenio hasta aproximadamente el año 1600 a. de C.;
— «minoico reciente»: dividido en dos periodos, uno del 1600 al 1450 a. de C., que constituye el apogeo de la civilización minoica, y otro del 1450 al 1150 a. de C., caracterizado en un principio por el establecimiento de los micénicos[95] en Cnosos.

La civilización denominada micénica, por tanto, derivará lógicamente de la civilización cretense, de ahí el término genérico *egeo* que la calificará, buscando así directamente su influencia en

---

94. Fue Sir Arthur Evans quien calificó esta cultura de minoica y la dividió en tres periodos.
95. O aqueos.

la mayoría de las islas del mar Egeo. Luego llegó poco a poco la decadencia, hasta la desaparición total de la civilización cretense con la llegada de los dorios a finales del periodo micénico.[96]

En lo relativo a la escritura —aunque aquí los textos resultan ser de mínimo interés en cuanto a la fenomenología religiosa cretense—, es conveniente saber que algunos pictogramas aparecieron ya en el minoico antiguo. El sistema se simplificó luego hasta convertirse, en el minoico medio, en el lineal A. Hacia el 1550 a. de C. aparecería el lineal B, que corresponde al griego arcaico, lo que demuestra irrebatiblemente las relaciones con el continente griego a través de la civilización micénica.

## LA DIOSA-MADRE CRETENSE

Hasta una fecha aún reciente (1952) en la que se empezó a descifrar la escritura lineal B, tan sólo los elementos arqueológicos proporcionaban materia para investigación a los historiadores de las religiones. Sin embargo, cabe reconocer que eran importantes. Así, una gran cantidad de grutas y cavernas eran dedicadas a las divinidades, básicamente diosas, como apunta el profesor Picard (director de la École Française de Atenas) en sus obras relativas a las religiones prehelénicas.

Las representaciones femeninas[97] aparecían con velo o con el torso desnudo, los brazos abiertos y levantados por encima de ellas, en una postura de adoración o blandiendo serpientes, como la famosa figurilla del Museo de Heraklion. Así, la gruta de Amisos estaba dedicada a la diosa prehelénica Eileithya, que velaba por que los partos fueran bien. Mircea Eliade señala, además, que el arquetipo de la Diosa era representado a veces como «Señora de las Fieras» *(potnia theron)*. Efectivamente, la diosa antigua, a menudo acompañada por leones, representaba a la Diosa-Madre Cibeles (Kubelé), como sería representada mucho más tarde en un sello de Cnosos. En su *Culte de Cybèle*,[98] Henri Graillot no dudó en escribir: «Es Rea-Cibeles quien, quince si-

---

96. Última fase del minoico tardío.
97. Estos ídolos femeninos representan a veces aves estilizadas —una especie de palomas cuyas alas son asimiladas a los brazos—. La paloma resplandeciente recibía el nombre de *œné* en griego arcaico (*peristera* en la forma moderna).
98. Biblioteca de las escuelas francesas de Roma y Atenas; Fontemoing & Co, París, 1912.

glos antes del dominio romano, velaba ya en el palacio de Cnosos...». Su culto estaba muy extendido en Creta, aunque estaba vinculado directamente a la gruta del monte Ida, donde tenía que nacer el propio Zeus.

Determinado número de sacerdotes se dedicaban al culto de la Gran Diosa: curetes, coribantes que habrían criado al joven dios dentro de la gruta del monte Dicte o de alguna otra que constituían auténticos santuarios.

Por otra parte, en una de las grutas del monte Ida se reunía una cofradía de maestros metalúrgicos que contaban con la protección de dioses herreros, cuyo prototipo fue Hefesto (Vulcano) y que anticipaba el culto de los cabires de Samotracia. ¡De hecho, Diodoro de Sicilia mencionaba —en su *Libro III*— que la Gran Diosa había transportado a sus hijos hasta la isla de Samotracia! Pausanias, además, apuntaba lo siguiente, asociando singularmente el culto de Cibeles al de los Cabires: «El lector me perdonará si no sacio su curiosidad sobre los Cabires, ni sobre las ceremonias de su culto y el de Cibeles...» (Pausanias, *Libro IX* y *Libro XXV*).[99] Podemos, por tanto, preguntarnos, como hace Charles Picard,[100] sobre la existencia de un dios masculino en Creta, como posible paredro de Cibeles. Un sello de Cnosos desvelaba la presencia de un personaje masculino junto a una especie de fiera. En ocasiones, aparecía un joven flanqueado por dos diosas.[101] ¿Era posible adivinar en él la representación de un dios macho, o simplemente el símbolo de renovación estacional de la naturaleza en primavera?

Sea como fuere, si bien parece arriesgado, como apunta Charles Picard, «buscar en Creta un culto sentimental asociando la Diosa-Madre a un paredro»,[102] nada nos impide pensar que en esta «Creta aparentemente matriarcal» —aunque diera vida a Zeus, como hemos visto antes— pudiera existir un dios original masculino, disimulado sin duda tras algunos símbo-

---

99. Como señaló muy pertinentemente Paul Le Cour en *Un Sanctuaire de la protohistoire: la Crète et ses mystères*. Consúltese, asimismo, sobre este tema de los dioses-herreros, Mircea Eliade, *Forgerons et alchimistes*, Flammarion, (edición en castellano: *Herreros y alquimistas*, Alianza Editorial, Madrid, 2001), así como el magistral estudio de René Alleau, *Aspects de l'alchimie traditionnelle*, De Minuit.
100. Charles Picard, *Les Religions préhelléniques: Crète et Mycènes*, PUF, París.
101. Grupo de dos diosas en cuclillas, probablemente procedentes del santuario palatino de la acrópolis de Micenas, y que es de modelo cretense.
102. Este culto existiría más tarde, en el contexto mitríaco, que asociaba Cibeles a su paredro Atis.

los, pero sin embargo inmanente, y origen de los minos, los reyes-sacerdotes cretenses.[103]

Aun así, cabría subrayar el carácter hermafrodita que se otorga a veces a la Gran Diosa. En efecto, según Pausanias (VII, capítulo 17, 10-12), una tradición frigia señala que Zeus convirtió en fértil un falo de piedra llamado Agdos, y que este engendró a un ser hermafrodita llamado Agditis. Luego, los dioses decidieron castrar a Agditis para transformarlo en la diosa Cibeles; ¡de ahí la emasculación de sus sacerdotes!

## La leyenda del Minotauro

El templo-palacio de Cnosos en el que fueron sucediéndose los reyes-sacerdotes fue el escenario de la famosa leyenda del rey Minos, de Teseo y del Minotauro.

Minos era hijo de Zeus y de la mortal Europa. Con el fin de convertirse en soberano de Creta, y tras una disputa con sus hermanos Sarpedon y Radamanto por la sucesión al trono, Minos pidió al dios del mar, Poseidón, que le garantizara una víctima para un sacrificio digno de él. Poseidón hizo que saliera de las aguas un magnífico toro. Así, Minos se hizo con el trono de Creta, pero, ante la sorprendente belleza del animal, renunció a sacrificarlo. Después de casarse con Pasífae, hija de Helios y de Perseis, Minos no sospechaba que Poseidón se vengaría a través de su compañera. Esta, en efecto, después de dar varios hijos[104] a su esposo, bajo el encanto del maravilloso toro y según los designios del dios Poseidón, quedó prendada del animal. Sintió por él una pasión sin límites, hasta el punto de desear unirse a él; y lo consiguió, utilizando la estratagema de una vaca de madera, realizada por el maestro de obras y artista Dédalo.[105] Colocándose dentro de la falsa vaca, se apareó con el prodigioso toro.

Y así fue como engendró al ilustre Minotauro (literalmente, «toro de Minos»), una especie de monstruo humano con cabeza

---

103. Evans calificaba al soberano de Cnosos de *rey-sacerdote*, vocablo que fue aceptado por Picard, Nillson y Willets. De este modo, podíamos considerar que el término *Minos* se aplicaba al conjunto de reyes-sacerdotes de Cnosos, y no sólo al primero de estos soberanos.
104. Catreo, Deucalión, Glauco, Androgeo, Acacálide, Ariadna, Fedra y Jenódice.
105. Cuyo nombre significa «el ingenioso».

de toro. Minos, invadido por la cólera y la vergüenza, pidió a Dédalo que confeccionara una amplia maraña de corredores subterráneos con una sola entrada y salida: un laberinto. Todo aquel que entrara en él no tendría prácticamente ninguna posibilidad de salir. El Minotauro fue situado en su centro y era alimentado únicamente de carne humana.

Minos ejercía su imperio en todo el mar Egeo y, según la leyenda, Zeus, su padre, lo recibía cada nueve años en el monte Ida y le transmitía las leyes que debían aplicarse en Creta. Minos llegó incluso a exigir un importante tributo a los atenienses:[106] se trataba de enviar todos los años —o cada nueve años, dependiendo de las versiones— a siete hombres jóvenes y a siete mujeres jóvenes al rey Minos, para servir de alimento al Minotauro. Eran introducidos uno a uno en el Laberinto. Esto fue lo que le ocurrió a Teseo, hijo de Poseidón y Etra, o hijo del propio rey Egeo. El héroe ateniense decidió valientemente embarcar hacia Creta, ya que pretendía matar al monstruo y salir indemne del Laberinto, de forma que el pesado tributo que debía pagar la ciudad quedara anulado para siempre.

Ariadna, hija del rey Minos, se enamoró perdidamente de Teseo y, siguiendo el consejo de Dédalo, entregó el famoso hilo al joven héroe ateniense,[107] que lo ató a la entrada del Laberinto para no perderse, desenrollándolo a lo largo de su recorrido. A cambio, Teseo tuvo que jurar a Ariadna que se casaría con ella a su regreso hacia la luz.

Entonces, mientras sus compañeros permanecían en el exterior, el joven héroe llegó hasta el centro del Laberinto y, gracias al valioso hilo de Ariadna, luego pudo llegar hasta la salida.

Sin duda alguna, se desprende un sentido simbólico, una interpretación alegórica de este relato. ¿No podemos ver en el personaje de Teseo a un hombre en busca de su divinidad latente, encerrada en una animalidad manifiesta representada aquí por los rasgos del Minotauro, y que, al descubrirla en lo más profundo de su inconsciente (el Laberinto), consigue dominarla, volver a la luz siguiendo la dirección indicada por los meandros de

---

106. Minos odiaba particularmente a Atenas, porque su hijo Androgeo había fallecido allí. Por otra parte, la peste estaba arrasando Atenas, y el oráculo de Delfos había ordenado a Egeo pagar el tributo exigido por Minos para que la ciudad quedara libre de la epidemia.

107. Según algunas versiones, Ariadna entregó también a Teseo una espada para facilitarle la victoria sobre el Minotauro.

su intuición, o incluso de su *anima*, cuya función es perfectamente desempeñada por Ariadna?[108]

Cabe señalar, además, que este palacio con «laberinto iniciático» recuerda la «casa con doble hacha», el *labrys*, que guarda relación también con el carácter sagrado de la tradición cretense, en la que el hacha de doble filo parece tener en sí una gran importancia, a juzgar por la multitud de objetos arqueológicos descubiertos en la isla que la representan. Y es que se han descubierto miles de ejemplares en Creta, de unos pocos milímetros hasta de más de dos metros de longitud.[109]

Como apuntó convenientemente Jacques d'Arès,[110] es esta misma hacha de doble filo (bipenna) representada en varios jarrones cretenses la que emplea el dios Hefesto para abrir el cráneo de Zeus y permitir que salga la Sabiduría bajo la forma de la diosa Atenea; el motivo de la doble hoja permite acceder así a la auténtica sabiduría. Según Arthur Evans, la doble hoja podría significar también la unión de las dos naturalezas complementarias: lo masculino y lo femenino (relación *animus/anima*).

El palacio minoico, por tanto, era considerado en su conjunto como un centro ceremonial, como un templo de pleno derecho. Como señala Francis Vian, en su *Histoire des religions*: «Las zonas de baile rodeadas de gradas, los patios interiores donde se yerguen los altares, los almacenes mismos son instalaciones religiosas. El trono era un objeto de veneración, como demuestran los grifos simbólicos que lo flanquean en Cnosos y Pilos; tal vez incluso estuviera reservado a la epifanía ritual de la diosa, en lugar de al soberano».

Los funerales del soberano-sacerdote tenían, por supuesto, un carácter sagrado. El motivo estilizado de la «cabeza de toro» aparece constantemente. Estos «cuernos de consagración» rodean normalmente un hacha de doble filo simbólica. Es una característica específica de la civilización cretense. Es probable que los cuernos sirvieran para consagrar todo lo que se colocara en su interior.

---

108. *Ariadna* significa, de hecho, «la más pura». En efecto, *Ariadnê* en griego deriva del superlativo *ari* y de *agnê*; *agnos* designa la pureza.
109. Citemos, a modo informativo, las pequeñas y abundantes hachas votivas, simples o dobles, de la caverna de Psychro.
110. Jacques d'Arès, en la revista *Atlantis*.

La presencia de numerosos pilares y columnas también es notable en la arquitectura cretense. Por supuesto, forma parte de la simbología del *axis mundi* que une el Cielo y la Tierra. Estas «columnillas-árboles» están en su mayoría coronadas por aves fabulosas que hacen referencia tanto a la feminidad divina como a la psique humana: rinden así homenaje, en cierto modo, a la Diosa-Madre.

La «Creta de los cien pueblos», como la calificaba Homero, poseía también una multitud de frescos con colores tornasolados en el interior de sus palacios. Citemos a título indicativo los más prestigiosos: los de Cnosos, Faistos o Mallia, que desempeñaban a un tiempo la función de residencias reales, templos, almacenes y plazas fuertes, naturalmente surcados por una gran cantidad de corredores, que eran auténticos laberintos.

Cabe destacar, por otra parte, que las numerosas excavaciones arqueológicas no han podido descubrir el famoso laberinto de Cnosos; sólo las monedas cretenses de la época clásica manifiestan su existencia. Quizás una de las numerosas grutas de la isla, con sus largos corredores subterráneos, constituyera el famoso laberinto...

Podemos considerar que las fiestas religiosas, salpicadas de ofrendas, de danzas sagradas y de acrobacias diversas asociadas al toro, celebraban el culto de la divinidad, o de las divinidades, con el fin de obtener —según afirma el historiador M. P. Nillson—[111] la epifanía de dicha divinidad. Esta manifestación divina sería ejercida entonces en el ámbito de un éxtasis colectivo llevado a cabo mediante estos ritos.

También según Nillson, el sistema religioso cretense habría sido en un principio monoteísta, antes de recurrir a un panteón que recordara al del Olimpo (del cual hablaremos más adelante), colocando bajo la égida de una serie de dioses los atributos diversos de la misma divinidad.[112]

El culto funerario revestía en Creta una cierta importancia, como atestiguan, entre otras representaciones, los frescos del Museo de Heraklion. El oficio parecía desarrollarse bajo la protección de la Gran Diosa invocada por una sacerdotisa. En otra

---

111. M. P. Nillson, *Religions minoenne et mycénienne*.
112. Evans, por su parte, piensa que la religión minoica comportaba un panteón reducido a dos divinidades: la Gran Diosa asociada a la fertilidad y un dios macho correspondiente a la vegetación y simbolizado por el árbol.

escena, que aparece en un bloque de caliza, se observa la preparación de una bebida que servía para las libaciones sagradas.

Los cretenses creían en la inmortalidad del alma, que era simbolizada por una mariposa —«alma mariposa»: la «psique»—, creencia hallada también en la civilización micénica. En uno de los dos paneles de un sarcófago de Agia Tria,[113] pueden admirarse tres sacrificadores masculinos llevando al difunto, en su iniciación funeraria, terneros y una pequeña barca; esto no carece de similitudes, aunque lejanas, con el rito funerario egipcio.

De hecho, ¿no afirma Picard sin ambages sobre esto «¡Parece una momia!»?

Por lo demás, veremos más adelante que el «viaje marítimo hasta el más allá» se encuentra prolongado a través de la concepción propiamente helenística, en el mito de las «islas de los Bienaventurados».[114] Cabe reconocer que la mayoría de los ritos y mitos cretenses relativos al aspecto ctónico e iniciático serán integrados más tarde en las «tradiciones de misterios» griegas. Diodoro de Sicilia (siglo I a. de C.) afirmaría perentoriamente esta analogía, haciendo referencia a los misterios celebrados en algunas ciudades griegas o de Asia Menor.

De hecho, asistimos a un sincretismo religioso y cultural del que por desgracia se nos escapan los detalles menores. Sin embargo, si la civilización micénica asimiló a la perfección las tradiciones religiosas cretenses, no es menos cierto que recibió también fuertes influencias de Egipto y Asia Menor.

De manera similar, la civilización micénica serviría de intermediaria entre la civilización minoica y la griega. De hecho, la mitología helenística no se equivoca al hacer nacer a sus principales dioses en Creta: Zeus, Apolo, Dioniso... El culto a Deméter apareció también en Creta, donde, según se cuenta, habría amado a Jasón. Tal vez habría que ver también en la presencia constante de un pulpo estilizado, tanto en algunas grutas como en el famoso vaso de aceites sagrados de Gournia, por ejemplo, un motivo simbólico que evocara al dios del mar: Poseidón. Más adelante volveremos a hablar de la importancia de este dios fundamental, sobre todo con relación a las tradiciones costeras de la civilización helena.

---

113. Mircea Eliade, acerca de este objeto arqueológico, afirma que «realmente refleja las ideas religiosas de su época (siglos XIII-XII), cuando los micénicos se habían establecido ya en Creta. Sin embargo, en la medida en que las escenas pintadas en las tablas son susceptibles de una interpretación coherente, evocan creencias y costumbres minoicas».

114. Véase Hesiodo, *Los trabajos y los días*, y Píndaro, *Olímpicas*.

# Teogonías y grandes mitos griegos

*Primero hubo el Caos, el inconmensurable abismo,*
*violento como un mar, oscuro, pródigo, salvaje.*
                                         Milton

## La versión de Hesiodo

Entre las numerosas teogonías creadas por el mundo griego encontramos la de Hesiodo, que en el siglo VIII a. de C. parece rendir cuentas de la mayoría de las tradiciones orales vehiculadas hasta entonces. Según *Teogonía*, redactada en forma de poema, en el origen hubo el caos, que puede ser definido aquí como un abismo primordial, insondable, pero que no puede ser entendido como si fuera la nada. Al contrario: se trata de la existencia de un espacio sin límite, una especie de vacío espacial infinito, que contiene potencialmente los gérmenes de toda vida.

De este concepto metafísico de no diferenciación primordial debía surgir finalmente Gaia, la esencia de la materia universal, de donde cualquier creación debería salir de manera natural, gracias a una especie de partenogénesis original, si bien virtualmente ya existía Eros, el principio espiritual del amor o el deseo de crear, o la volición de existencia en general.

El primogénito fue Urano:

> *Gaia dio a luz a un ser igual a sí misma, capaz de cubrirla por completo: Urano (Cielo) estrellado.*

> *Y la rubia Tierra trajo primero al mundo el Cielo estrellado, semejante suyo, para que la cubriera por todos sus lados y se convirtiera en la morada eterna de los dioses inmortales.*

Aunque Hesiodo, con su poema, no parece emparentar a Gaia y Urano más que con la Tierra y el Cielo, se trata, asimismo, de una génesis de los principios, de una creación en esencia que precede a la creación en sustancia.

Urano se presenta, según Hesiodo, «ávido de amor y trayendo la noche con él, al acercarse y envolver a Gaia». Y de Urano y Gaia nacerían los titanes y las titanas, sus complementarias, sus álter ego femeninas.

Las principales parejas de titanes eran las siguientes: Océanos-Tetis, Hiperion-Tia, Japeto-Climena, Cronos-Rea, Ceo-Febe, Crio-Euribia.

Los violentos Cíclopes (de ojo único) nacerían también, así como los Hecatonquires, de cien brazos.

*Así pues, al inicio fue el Caos, y luego Gaia del seno amplio, sostén firme de todos los seres; luego Amor, el más hermoso de los inmortales, que baña con su languidez a diosas y hombres, amansa los corazones y triunfa con los más sabios deseos. De Caos y Erebo[115] nació la Noche oscura. De la noche, el Éter y el Día, fruto de sus amores con Erebo. A su vez, Gaia engendró primero a Urano, que debía cubrirla con su bóveda estrellada y servir eternamente como morada para los inmortales. Ella engendró también a las altas Montañas, morada de las ninfas ocultas en sus felices valles. Sin ayuda de Amor, produjo la Mar, de seno estéril, con oleadas que se inflan y se agitan.*

*De ella y Urano nacieron el abismal Océanos, Ceo, Crio, Hiperion, Japeto, Tia, Rea, Climena, Euribia y Febe de corona de oro, y la amable Tetis; por último, Cronos, el último de todos, el astuto Cronos, el más temible de todos sus hijos, al que el mismo día de su nacimiento empezó a odiar su padre.*
(Hesiodo, Teogonía)

Urano, estupefacto ante una creación de tal monstruosidad, decidió ocultar a sus hijos en el cuerpo de Gaia. Esta, negándose a la idea de esconder a sus hijos, se rebeló y se dirigió a ellos en los siguientes términos:

*[...] Castigaremos el ultraje criminal de un padre, por muy padre vuestro que sea, ya que ha sido él el primero en llevar a cabo actos infames.*

De todos los titanes, Cronos fue el único que se decidió a cumplir la venganza de su madre. Llevó a cabo la castración de Urano, mutilándolo con ayuda de una hoz *(harpé)* cuando este se disponía a unirse a su madre. De la sangre de Urano que se ex-

---

115. Erebo designaba a las Tinieblas del infierno. Como divinidad, la mitología lo situaba como hijo del Caos, unido a su hermana Nix (la Noche). Engendró a Éter, Hemera (el Día) y Caronte, el barquero de los Infiernos.

tendió por Gaia nacieron las tres Erinias, los Gigantes y las ninfas de los fresnos. El órgano sexual de Urano fue lanzado al mar, y de la blanca espuma de su semen eyaculado nació la diosa Afrodita (*Anadyomede*).

Este tema de la castración del dios por parte de su hijo se encuentra también en las cosmogonías hititas y cananeas. En consecuencia, podemos suponer que Hesiodo conocía estas tradiciones orientales.

Cronos, que sucedió a su padre Urano y temía que algo parecido pudiera pasarle a él, después de aparearse con su hermana, la titana Rea, y de engendrar a sus cinco primeros hijos, Hera, Poseidón, Deméter, Hades y Hestia, decidió devorarlos, para no sufrir una mutilación o la muerte por parte de su descendencia, ya que estaba destinado, según afirma Hesiodo, «a sucumbir un día a manos de su propio hijo».

Sin embargo, tras el sexto nacimiento y siguiendo el consejo de Gaia, Rea decidió dar a luz a su hijo Zeus en secreto, en Creta.

Rea ocultó al bebé en una gruta y adoptó la siguiente estrategia: envolvió una gran piedra como si fuera su hijo en las mantillas del niño y le entregó todo a Cronos, que, por supuesto, se lo comió.

Seguidamente, Cronos vomitó y expulsó la piedra, que se convirtió en algo sagrado desde entonces. La tradición afirma que cayó en Delfos, designando así el *omphalos* («centro») del mundo creado.

Zeus, que sobrevivió gracias a la estratagema de su madre, se creyó entonces capacitado para imponer su propia ley a su padre. Le obligó a vomitar a sus hermanos y hermanas que habían sido engullidos y liberó a los hermanos de su padre, que Urano había encadenado. Agradecidos, estos le otorgaron a cambio el poder del rayo y del trueno.

Y Zeus decidió convertirse a partir de ese momento en el Dios Supremo, con el compromiso de arrebatar a Cronos y a los titanes todo poder. Luego, se inició un terrible combate entre los dioses, hermanos y hermanas de Zeus, y los titanes... Gaia les aconsejó que fueran a pedir ayuda a los tres «Cien Brazos», que permanecían en las entrañas de la Tierra. Gracias a la fuerza de estos monstruos, los titanes fueron vencidos y arrojados al Tártaro —región de los Infiernos subterráneos—, vigilados por los «Cien Brazos». No obstante, cabe señalar que no todos los titanes entraron en combate contra Zeus.

Zeus,[116] por tanto, podría organizar a partir de entonces, y según su propio deseo, el cosmos,[117] que dividió en tres grandes reinos: él mismo se encargó del Cielo, mientras que su hermano Poseidón reinó en el Mar y su hermano Hades, en el Mundo Subterráneo. Así pues, fue de esta forma como la tríada de dioses principales del panteón griego había quedado constituida.

## Zeus - Poseidón - Hades

### Zeus

Homero lo presentaba como «padre de dioses y humanos», no tanto por el sentido literal de la expresión, sino como «cabeza de familia».

Es el dios del Cielo en la medida en que preside los fenómenos atmosféricos, meteorológicos: tempestad, rayo, relámpagos, granizo, lluvia, nieve. ¡Homero lo calificó de «ensamblador de nubes»!

Es muy famosa la escultura de Fidias, que lo representa dentro del templo que se le dedica en Olimpia, con una imponente barba rizada y sentado en su trono. A menudo era representado con la égida[118] y con un venablo alado que simboliza el rayo y los relámpagos.

Zeus se casó en primeras nupcias con Metis, que era la hija de Océanos —«el Padre de todas las cosas»— y de Tetis. Es ella la que administra el vomitivo a Cronos y le hace devolver a los hermanos y hermanas de Zeus que acaba de engullir.

Fue esta unión el origen mítico de la sabiduría de Zeus, puesto que, cuando la inteligente Metis estuvo embarazada, Zeus recordó la predicción pronunciada por Urano y Gaia, que evocaba la llegada de un «hijo de corazón violento que sería el rey de

---

116. Cuyo nombre es de origen indoeuropeo; tiene similitud con el sánscrito *dyans*, *div* «cielo».
117. Sin embargo, según diferentes fuentes, se hace alusión a otros combates en los que Zeus habría participado, además del que se ha acordado denominar Titanomaquia; en efecto, según Hesíodo, un ser monstruoso, hijo del Tártaro y de Gaia, se levantó contra Zeus, que sólo consiguió vencerlo blandiendo el rayo, y que lo lanzó al Tártaro. Según Píndaro *(Néméennes)*, los Gigantes también se sublevaron contra Zeus, que los venció antes de que Gaia engendrara a Tifón. Los griegos asimilaron Tifón al dios Set egipcio, enemigo de Osiris.
118. Coraza adornada con flecos o especie de escudo de piel de cabra.

los humanos y los dioses» (Hesiodo, *Teogonía*). Ante la amenaza de ser suplantado por un hijo, Zeus prefirió devorar a Metis (la Prudencia inteligente, la Astucia).[119] En realidad luego el hijo resultó ser una niña, no un niño:[120] la diosa Atenea, que saldría más tarde, armada y protegida, del cráneo de su padre, bajo el violento golpe del hacha de doble filo de Hefesto —el dios herrero—, del cual hablaremos más tarde.

Zeus se casó con la titana Temis (la Justicia) en segundas nupcias e incorporó así el sentido de equidad que le faltaba hasta entonces. De su unión nacieron las Horas y las Parcas (Destinos). Luego, la abandonó y se casó con Eurinomé —hija de Océanos y de Tetis—, que dio a luz a las Gracias. También yació con su hermana Deméter, que engendró a Perséfone (Coré) y Leto, madre de los gemelos Diana y Apolo. Se unió asimismo a la titana Mnemosina (la Memoria), que tuvo a las nueve musas. Luego le llegó el turno a Hera —otra de sus hermanas—, con la que se casó y que fue su última mujer; no obstante, ello no le impidió en absoluto tener otras aventuras extramatrimoniales.

Zeus era representado con frecuencia reinando entre las nubes, en la cumbre del monte Olimpo, desde donde ejercía plenamente su autoridad sobre los humanos.

## Poseidón

Según Hesiodo —y en contra de lo que dice Homero—, Poseidón era en realidad el hermano mayor de Zeus. Dios del mar[121] y representante del poder de las furiosas olas, Poseidón era considerado el dios más venerado, tanto en los cultos como a través de los mitos en sí. Mircea Eliade narra así que «en Pilos, en la época aquea, Poseidón gozaba de una posición religiosa netamente superior a la de Zeus». De hecho, este último pasaba por haber disputado la preeminencia a Poseidón, al que consideraban el soberano por excelencia, «el esposo de la Tierra» (*Posis Das*), según Willamowitz.

---

119. Según otra versión, Zeus decidió seducir a Metis (la Astucia), quien, al negarse, sufrió una serie de metamorfosis hasta que se transformó en mosca y fue tragada por Zeus.

120. La predicción de Gaia hacía referencia, de hecho, al segundo hijo que Zeus debía tener con Metis, que iba a ser varón.

121. Para ello hubo de desposeer a los «Ancianos del Mar»: Phorcys, Proteo y Nereo (hijo de Gaia y de Ponto: la Ola).

Asociado generalmente al toro y acompañado a menudo del delfín, blandía el tridente gracias al cual hacía surgir las fuentes milagrosas al golpear el suelo; esto era provocado también por el caballo Pegaso (que hizo brotar la fuente de Hipocrenes), cuyo padre se cree que era Poseidón, ya que Medusa estaba embarazada de él cuando el animal nació de su cuello ensangrentado.[122] De hecho, era calificado de «agitador de la Tierra» (*enosichton enosigaios*).[123] Como consecuencia de ello, se le atribuía la paternidad de los terremotos y de las sacudidas telúricas.

Poseidón tuvo como esposa a Anfitrite, una Nereida (ninfa del mar), gracias al delfín que la convenció, a pesar de su reticencia, a casarse con el dios de las olas. Anfitrite le dio tres hijos: Tritón, Rode y Bentesicime.

Poseidón yació también con Deméter, la diosa-Tierra, que se transformó en yegua para la ocasión. Dio a luz al caballo divino Areión. Poseidón estuvo también con la Gorgona Medusa antes de que Atenea la transformara, y de esa unión nació Pegaso, el caballo alado, de la extraña forma narrada anteriormente. Por este motivo se asociaron simbólicamente los caballos a Poseidón. ¡Por ello se lo calificaba de *Hippios*, «señor de los caballos»! A menudo era representado recorriendo las olas sobre su carro, yendo de Samotracia a Aeges, ciudad en cuyas costas situaba la tradición el palacio submarino de Poseidón.

Cabe destacar, además, que la mayoría de las tradiciones ancestrales helénicas tenían relación con el culto de Poseidón. Parece beneficiarse así de un carácter de anterioridad con relación a las demás divinidades del panteón griego.

## Hades

Hades es el dios del Mundo Subterráneo, es decir, de los Infiernos, según la acepción más amplia del término, ya que engloba tanto el Infierno como la fase de las «sombras» —las almas— impías de los Campos Elíseos, de ahí la relación con el Occidente, donde el Sol muere y a donde los héroes tenían que dirigirse para la última prueba de su iniciación. El nombre de Hades

---

122. Cuello que el héroe Perseo acababa de cortar; según la mitología, también salió de él Crisaor.
123. De hecho, *Poseidón* o *Poteidon* en dórico designa directamente al «Señor de la Tierra».

era considerado de mal augurio; era reemplazado por el de Plutón —origen del Plutón de los romanos—, procedente del griego *ploutos*, que evoca la «riqueza».

Los Infiernos se sitúan justo por encima del Tártaro, donde había una noche eterna. Se decía que este reino subterráneo de Hades poseía varias entradas (en el lago Averno, en Campania; en Lerna, y en el cabo Ténaro, cerca de Esparta). Algunos héroes penetraron hasta el reino de los Infiernos, pero consiguieron salir vivos de él, como Heracles, Orfeo, Ulises, Eneas y Teseo; este «descenso a los Infiernos» corresponde a una determinada interiorización de carácter iniciático, así como al paso al «Otro Mundo».

## El panteón de los dioses del Olimpo

Estas divinidades, en cierto modo «secundarias» con relación a las tres anteriores, manifiestan aspectos particulares de la Creación, en relación directa con las fuerzas de la naturaleza.

### Hefesto (dios herrero)

Su nacimiento es, cuando menos, original, según Hesiodo, ya que alude a una especie de partenogénesis, puesto que Hera lo engendró «sin unión amatoria, por cólera y desafío a su esposo».

Otros autores le atribuyen como padre a Zeus, principalmente Homero, en *La Ilíada*. Fue expulsado del Olimpo por Hera, acusado de ser horrible. Era un ser deforme, por su cojera, y fue arrojado al océano, donde Tetis y Eurinomé lo recogieron y lo criaron durante nueve años en una caverna: la gruta de Eurinomé,[124] donde aprendió el arte de la forja. Quiso vengarse de Hera, su madre, y para ello le confeccionó un trono de oro en el que había ocultado una trampa que la mantendría prisionera sin que ningún dios pudiera liberarla, de ahí el apelativo de «señor empacador» herrero.[125] Más tarde acabó reconciliándose con su madre, y luego, a causa de una pelea entre Zeus y Hera a propósito

---

124. O la caverna de Cedalion, habilitada como herrería.
125. Hefesto forjó numerosas cadenas y redes de todo tipo, con las que encadenaba a los dioses.

de Heracles, tomó partido por su madre y Zeus, furioso, lo arrojó desde lo alto del cielo. Su caída duró todo un día, y acabó cayendo medio muerto en Lemnos, donde fue particularmente venerado a partir de ese día.

Según esta versión, su lisiadura se debió a esta vertiginosa caída. Mircea Eliade, a semejanza de Marie Delcourt, compara esta lisiadura de Hefesto con las iniciaciones de tipo chamánico, donde tienen lugar algunas mutilaciones y torturas, de carácter iniciático.

Este dios herrero posee una dimensión demiúrgica innegable. Gracias al arte de la forja, que domina, recrea permanentemente un universo en la forma de un «diablo cojo», al que encarna a la perfección. Sabe sacar partido de las situaciones más críticas, sobre todo cuando su esposa, Afrodita, que le es infiel, lo engaña con Ares en una caverna, ya que no dudará —después de ser avisado de su infortunio por el Sol (Helios), que había sorprendido a los dos amantes enlazados al iluminar la gruta con uno de sus rayos— en apresar a Afrodita y Ares con su red antes de humillarlos públicamente al presentarlos así ante los dioses del Olimpo.

## Afrodita

Dos versiones diferentes nos relatan su nacimiento. Según Homero (*La Ilíada*, V, 370), era hija de Zeus y Dioné —a menudo asimilada a Hera—, y en ese caso se la calificaba de «Pandemiana». Según Hesiodo, en cambio, su nombre provenía de *aphros*: la «espuma del mar», procedente del órgano sexual de Urano, del que debía nacer en Citera o en Pafos, en la isla de Chipre, de ahí su calificativo de *Cypris* («la Chipriota»). El famoso y maravilloso cuadro *El nacimiento de Venus* de Botticelli la representa saliendo de una concha y surgiendo de la espuma del mar, a lo que se debe en esta versión el término *anadiómenes* —*anadiomené*: «la que sale del mar»—, designando así el origen de su nacimiento.

Es fundamental destacar aquí la existencia de estas dos versiones y distinguirlas claramente, ya que hacen alusión a dos conceptos diferentes de la misma divinidad. Y es que si una hace referencia al Cielo, la «Uraniena» etérea, ya que emana del semen de Urano, la otra, hija de Zeus y Dioné, parece más «terrestre», ya que su sensualidad manifiesta en este contexto evoca en mayor grado los amores carnales a los que se la asocia normalmente.

Estas dos Afroditas, «celeste» y «terrestre», ofrecen una idea muy clara de la complejidad del amor, a la vez «idealizado»,[126] profundamente espiritual, pero también carnal y vinculado al placer, así como a la procreación. De hecho, esto llevó a Platón a disertar sobre estos conceptos en sus diálogos, sobre todo en *El Banquete*, donde puede verse a Pausanias y Erixímaco hacer también una distinción paralela entre dos Afroditas. Sócrates y, sobre todo, Aristófanes insisten en el hecho de que Eros[127] permite a los seres cumplir con sus deseos más profundos sobre el plano en el que se sitúa. Además, Aristófanes sostiene la tesis según la cual en el origen el ser era doble: macho y hembra reunidos; era andrógino, de ahí la búsqueda permanente de la complementariedad, del «alma gemela»[128] en la vida de cada ser.[129] Este equilibrio entre las dos naturalezas o polaridades dentro de la pareja, al igual que de todo individuo,[130] introduce el cortejo de Afrodita, constituido por Eros e Himeros (el Deseo), que suscitan una búsqueda permanente de armonía, de plenitud o, incluso, de absolutidad. Cuando Afrodita es evocada en el panteón romano con el vocablo Venus, Lucrecio no dudará en invocarla incluso como fuerza suprema en el origen de la Vida,[131] en su poema *De natura rerum*.

Más conocida como esposa infiel de Hefesto, la lasciva Afrodita tuvo todo tipo de aventuras, tanto con los dioses, Ares, Poseidón, Dioniso, Hermes,[132] como con los humanos, como por ejemplo con Anquises, padre de Eneas. Además, favorecía los idi-

---

126. Sin duda, es esta la que sirvió de prototipo, en el Renacimiento, a la Beatriz (la beatitud) de Dante, a la Laura de Petrarca, al «eterno femenino» invocado todo el tiempo por el conjunto de los poetas, desde la Egeria de Nima Pompilius hasta la Aurelia de Gérard de Nerval, pasando por la Dama de los trovadores y los troveros...

127. Según Sócrates, en efecto, Eros no puede ser considerado un dios, sino un «daemon», intermediario entre las relaciones humanas.

128. Véase más arriba la leyenda de Isis y Osiris.

129. ¿Será por este motivo que la «Afrodita anadiómenes» del pintor Botticelli (*Nacimiento de Venus*) es alimentada por el aliento inspirador de una pareja celestial estrechamente abrazada, de manera que pueda sugerir hábilmente la androginia?

130. Véanse los problemas inherentes a las relaciones *animus/anima*, a través de los trabajos de Karl Gustav Jung.

131. Véase más arriba, en la teogonía sumeria, el concepto de Inanna-Ishtar, también asociado a la Vida.

132. De su unión nacería Hermafrodito, unido indisolublemente a la náyade Salmacis, bajo el aspecto de un solo ser dotado de dos sexos.

lios de los mortales y se vengaba de los ultrajes de que fue víctima por parte de las musas o de los dioses que no dudaban en ridiculizarla cuando se presentaba la ocasión, ya que la exacerbación de su sensualidad la empujó a todos los excesos.

## Atenea

Hija de Zeus y de Metis (la Inteligencia prudente), Atenea nació de una manera insólita del cráneo de su padre, como hemos narrado anteriormente. Nada más llegar a la edad adulta, armada y protegida, se disponía a enfrentarse al mundo; era muy inteligente y encarnaba la Sabiduría. Así pues, se convirtió en la diosa guerrera protectora de las ciudades, vinculada a las fortalezas y a las murallas.

Solía ser llamada «diosa de ojos brillantes», por sus vivos y penetrantes ojos, de tanta lucidez y preocupación por la equidad. Se dice que la profundidad insondable de su escrutadora mirada era incomparable.

Siendo la preferida de Zeus, con su escudo y la égida y el símbolo del rayo, tomaba parte activa en el combate de los dioses contra los Gigantes.

Además, Atenea ayudó a numerosos héroes, como Perseo, que, agradecido, tras cortar la cabeza de la Gorgona Medusa (véase más arriba), se la entregó para que la fijara en su escudo; pero también asistió a Heracles, Jasón y Ulises, al que ayudó a llevar a cabo su viaje de regreso a Ítaca.

La ciudad de Atenas, con su Acrópolis, debió su nombre a *Parthenos* —la hija menor *(Pallas)* virgen—, de ahí el célebre templo del Partenón. Se dice, además, que debió luchar contra Poseidón para adquirir preeminencia en Atenas. En efecto, este, reivindicando la supremacía del lugar, había hecho surgir de su tridente la fuente Clepsidra, salada, cargada así de la «sal del espíritu».[133] El regalo de un caballo a los atenienses por parte de Poseidón fue reemplazado por el de Atenea, que presentaba el aspecto del primer olivo. Este último don, símbolo de paz y de prosperidad futura, fue juzgado más útil que el anterior por los atenienses, y estos concedieron así preferencia a la diosa. Furioso

---

133. Según Pausanias: «Se ve un pozo de agua salada...».

por esta decisión, Poseidón inundó Ática, pero finalmente acabó calmando su ira, con la condición expresa de ser venerado por los atenienses, y acordó su protección a la ciudad.

De hecho, como han señalado algunos,[134] el templo vecino al Partenón, el Erecteion, era anterior y estaba dedicado precisamente a Poseidón. Además, según Homero (*La Odisea*), cabe destacar que el primer rey de Atenas fue Erecteos. También conviene recordar a este respecto la extraña historia del rey Atenas Erictonios: Hefesto estuvo tentado de violar a su hermana Atenea, que se resistió, de modo que el semen de este se extendió por la Tierra. De esta poco común fecundación vendría al mundo Erictonios —literalmente, «nacido de la tierra»—. Después de confiar la custodia a las hijas del rey Cecrops, que se asustaron al ver a ese extraño crío rodeado por una serpiente (o prolongado por la cola de una serpiente), Atenea lo tomaría bajo su protección y lo criaría en su santuario para destinarlo a reinar en la ciudad.

En Atenas, aunque su autoridad espiritual se extendiera hasta otras ciudades, como Esparta, Egos o Megara,[135] el espíritu desenfrenado de justicia de Atenea se manifestó en la institución del juicio por un jurado durante los procesos atenienses. El tribunal del Areópago fue constituido para juzgar equitativamente a Orestes, perseguido sin tregua por las Erinias por el crimen que había cometido.

Las fiestas que se celebraban en honor a Atenea, además de las Plinterías —en las que se purificaba la imagen de la diosa—, llevaban el nombre de Panateneas, y festejaban su natividad en un alborozo general. En pleno verano, unas muchachas, las Arreforias, regaban con rocío el olivo sagrado. Unas mujeres elegidas confeccionaban un peplo adornado con escenas de conmemoración de las hazañas de la diosa, para cubrir la estatua de madera (*xoanon*), representada en posición sentada, dentro del Erecteion.

El arte del tejido y del bordado se consideraba perteneciente al gobierno de Atenea. De hecho, transformó a la joven Aracné en araña por osar suplantarla en su obra.

---

134. Véase revista *Atlantis*, Vincennes (Francia).
135. Se evoca también una estatua de madera que representa a la diosa, particularmente venerada en Ilion (Troya), ya que es considerada la «procedente del cielo». Se trataba en este caso de «Palladion», tótem o fetiche de los troyanos, de la que se adueñó Ulises.

Para terminar, no debemos olvidar señalar acerca de esta diosa del Olimpo que encarna la Sabiduría —la «niña mimada» de Zeus—, la alusión al principio de la Unidad-Enéada, ya a través del pulpo estilizado que aparece en su égida, que incluye una cabeza y ocho tentáculos. Además, en su nombre, Atenea, y en el de la ciudad que se le dedica, Atenas, como indica acertadamente J. de Arès,[136] se encuentra la presencia de *te* (de *theos*, «dios») y *en* (la Enéada Sagrada). De hecho, *en* designaba también las cualidades intelectuales (*ennoïa*: «pensamiento») fuera de lo común, que caracterizaban a la diosa. Atenea representa por ello la sabiduría divina ejercida por el pensamiento ilustrado.

Por otra parte, su atributo totémico, la lechuza, es el símbolo por excelencia de la «visión clara» a través de la iniciación nocturna, ineluctablemente vinculada a la «noche» de la existencia.

### Ares

A diferencia de Atenea, que encarna ante todo la Sabiduría y es a veces asimilada a una diosa guerrera, siempre para defender una causa justa, el dios de la guerra Ares, hijo de Zeus y Hera, es un ser carente de la inteligencia de la sabia Atenea.

En *La Ilíada*, de hecho, Homero no dudó en describirlo como un ser belicoso, cruel, impío, a veces incluso cobarde y pusilánime. Este «dios sin merced»,[137] a los ojos de los griegos procedía de Tracia, región temible. Combatió al lado de los troyanos, fue ayudado por sus hijos, los gemelos Fobo (el Temor) y Deimos (el Terror), pero Atenea, gracias a su sentido de la estrategia, no tuvo dificultades para engañarlo.

Además de sus amores con Afrodita, tuvo numerosas aventuras, principalmente con la ninfa Cirene, madre de Diomedes, el rey de Tracia, que llevó el mismo nombre que quien le hirió con ayuda de Atenea, durante la guerra de Troya. No dudó en quejarse ante Zeus, que le ordenó que no se mezclara de nuevo en esa guerra. No obstante, hizo caso omiso de dicha prohibición y

---

136. J. de Arès, *op. cit.*
137. Homero, *La Ilíada*.

el belicoso rey regresó al combate; esta vez atacó a Atenea, enviándole el venablo en pleno pecho, pero su égida la protegió del golpe de lanza fatal, y ella lo mató con una piedra.

A causa de su extrema crueldad y de su espíritu pendenciero, el animal tótem que se asocia a Ares es el buitre.

## Hera

Ares había heredado sin duda el espíritu vengativo de su madre Hera, hermana y durante un tiempo esposa de Zeus. Un himno halagador nos la describe de la siguiente manera:

*Reina entre los inmortales, Hera gobierna desde un trono de oro.*
*Los supera en belleza, la dama de gloria*
*que todas las divinidades del Olimpo reverencian*
*y honran tanto como a Zeus, el señor del rayo.*

Sin embargo, una envidia legendaria la caracterizaba, y se dedicó a una venganza feroz contra todas las amantes de su esposo. Así fue como se convirtió en la diosa del matrimonio y de la fidelidad conyugal. Particularmente venerada por las mujeres, las protegía más cuando estaban de parto, y presidía el nacimiento de sus hijos.

Argos fue su ciudad predilecta. Su culto destronó el de Poseidón; los dioses-ríos Cefiso, Asterión e Inacho le reconocieron la preeminencia. Además, poseía varios santuarios, principalmente en Creta, Naxos y Samos.

Los troyanos[138] no fueron los únicos que sufrieron su cólera, sino que también lo hicieron la mayoría de héroes, y sobre todo Heracles, con el propósito de impedir la realización de sus «doce trabajos» notorios.

La única excepción parece constituirla Jasón, en su conquista del vellocino de oro, aunque puede tratarse de un simple rencor contra Pelias, el rey de Iolcos que profanó su altar.

Rencorosa impenitente y engreída, era acertadamente representada por su animal tótem, el pavo real.

---

138. Según Homero, en *La Ilíada*, por su culpa se desencadenó la guerra de Troya, ya que Paris se negó a atribuirle el premio de belleza al que ella aspiraba.

## Hestia

Hermana de Zeus y de Hera, fue cortejada sin éxito por su hermano Poseidón, así como por Apolo, pero conservó para siempre su virginidad. Y así lo exigía también a sus sacerdotisas. No fue evocada en ninguna leyenda y, por consiguiente, permaneció como diosa del hogar. En realidad, lo era tanto del hogar familiar como del fuego sagrado de la ciudad, que debía ser conservado a perpetuidad. Todas las comidas eran precedidas y concluidas con una ofrenda a Hestia:

> *Hestia, en todos los hogares, terrestres o celestiales,*
> *os honramos la primera, os ofrecemos vino dulce,*
> *antes y después de la fiesta.*
> *Ni dioses ni mortales pueden sentarse*
> *sin vos a un banquete.*

Además, cabe señalar que todo recién nacido en una familia tenía que serle presentado mediante un ceremonial, a lo largo del cual ella le concedía su protección.

## Artemisa

Hija de Zeus y de Leto, nació en Delos y era la hermana gemela de Apolo. Era virgen, como Atenea y Hestia, y, a pesar del hecho de que la famosa estatua de Éfeso la represente como una matrona fecunda, dotada de numerosas mamas —asimilada sin duda alguna a una antigua diosa nutricia—, no se la puede considerar en absoluto una diosa-madre. Era más bien evocada como diosa de los bosques, de las selvas, de las fuentes y de los animales salvajes. Provista de los atributos de cazadora, el arco y el carcaj, y recorriendo los campos sin cesar, se asociaba además al astro nocturno, ya que la Luna creciente adornaba su frente. Un misterio inefable la envolvía. Por lo demás, el conjunto de jóvenes y débiles criaturas se situaba bajo su protección:

> *Es tan dulce, Artemisa la santa,*
> *a la juventud humedecida de rocío, a los tiernos niños de pecho,*
> *a los pequeños de todo lo que pasta en los prados,*
> *de todo lo que vive en lo profundo del bosque.*

Artemisa y su serie de ninfas parecían simbolizar así de forma espléndida los secretos de la naturaleza. Quien las molestara corría el riesgo de correr una suerte funesta. Eso fue lo que le ocurrió al cazador Acteón, que tuvo la mala fortuna de ver a Artemisa bañándose. Temiendo que se jactara de ello ante otros mortales, decidió transformarlo en ciervo y, en ese mismo instante, sus propios perros lo devoraron.

Además, aunque fuera la protectora de la juventud en general, Agamenón tuvo que ofrecerle en sacrificio a su propia hija Ifigenia, para calmar su cólera, que impedía a la flota —por falta de viento— dejar la costa, para dirigirse hacia Troya. Cabe decir a su favor que ella acababa de ser perturbada por el mal presagio de dos águilas (como referencia a Agamenón y Menelao), que destripaban cruelmente una liebre preñada, ¡aunque el sacrificio que ella pidió a cambio fue enorme! Ante un acto tan cruel, Eurípides decidió rehabilitar a la diosa, apuntando que Ifigenia no estaba muerta y que se había degollado a una cierva para sustituirla: «Ella [Artemisa] no quiere que su altar esté manchado con sangre humana. Ella misma ha aportado a la víctima y acepta el holocausto».

Artemisa fue asimilada o asociada en ocasiones a la diosa ctónica Hécate, diosa de la noche, vinculada a los cultos mágicos de las «encrucijadas», así como al reino subterráneo de las Sombras.

El ciprés era el árbol sagrado de Artemisa y la cierva, su animal tótem, aunque todos los animales salvajes se le asocian.

## HERMES

Hijo de Zeus y de Maya —una de las siete Pléyades, hijas de Atlas—, Hermes nació en Arcadia, en una gruta del monte Cileno. Nacido al alba, según se cuenta, a mediodía ya se mantenía en pie y, dotado de un carácter revoltoso y gracioso, se dispuso a robar en Macedonia el rebaño de vacas perteneciente a Apolo:

*El niño nació al alba*
*y antes de que cayera la noche*
*había robado los rebaños de Apolo.*

De este modo, pronto se ganó la reputación de «dios de los ladrones». Cuando fue cogido y obligado por Zeus a devolver aquello de lo que se había apropiado de manera indebida, su espíritu vivo y astuto le hizo ganarse la oportunidad de negociar el fruto de su fechoría, proponiendo a Apolo intercambiar su rebaño por la lira que había hecho esa misma mañana, de la que hizo salir un sonido maravilloso. Esta lira «original» —doblemente original, por ser poco común y por ser la primera— fue confeccionada por el ingenioso Hermes con un caparazón de tortuga, a juzgar por lo que apunta Pausanias: «Después del monte Cileno se encuentra el lugar donde Hermes, según cuentan, encontró la gran tortuga con cuyo caparazón fabricó la primera lira». Por lo visto adaptó una piel de buey al caparazón y extendió siete cuerdas confeccionadas con tripas de cordero.

Apolo aceptó el cambio y Hermes y él sellaron una amistad y se convirtieron desde entonces en los mejores compañeros posibles. Apolo hizo de Hermes el protector de los pastores y de los rebaños y le entregó su cetro mágico: el caduceo *(kerykeion)*, envuelto con dos serpientes que simbolizaban el conocimiento y todas las fuerzas vitales complementarias. La vivacidad de espíritu y la sutilidad del joven dios eran simbolizadas además por su sombrero alado (pétaso) y sus sandalias, también adornadas con alas.

De este modo, Hermes no tardaría mucho en convertirse en el mensajero (heraldo) de Zeus, e incluso de otros dioses del panteón griego. Con el fin de ganarse los favores de Hera, que solía detestar a los niños adulterinos de su esposo, no dudó en demostrar de nuevo su astucia envolviéndose con mantillas y sentándose tiernamente sobre las rodillas de la diosa, que desde entonces no pudo negarle su pecho; así se convirtió en su nodriza. Más tarde, salvaría al dios Dioniso, víctima ya, aunque todavía un niño, de la cólera de Hera.

Demostrando una viva inteligencia y manifestando un profundo discernimiento en cualquier circunstancia, ayudó como pudo a Ulises a escapar de los hechizos de la ninfa Calipso y de la maga Circe. Además, tuvo que cumplir las funciones de psicopompo (conductor de almas). Así, acompañaba a las Sombras hasta su última morada, representada por el río de los Infiernos, la laguna Estigia, donde Caronte hacía la función de barquero.

Hermes tuvo muchos amoríos, el primero de los cuales fue un idilio con Afrodita —mediante una estratagema—, del que nacieron Hermafrodita y Príapo. También engendró al dios Pan, que inmortalizaría a la ninfa Siringa, de la que se había enamorado, transformándola en una flauta legendaria: «Un caramillo de pastor, de cañas unidas con cera de abejas».

También se enamoró de algunas mortales: Apemosine, Herse y muchas otras.

Como dios protector de los viajeros —él, el «mensajero de los dioses»— retiraba las piedras que obstaculizaban las carreteras, y, en este sentido, pequeños monumentos de piedra conmemoran esta tarea. Al principio, estas hermas (como se los suele denominar) no eran más que simples montones de piedras acumuladas alrededor de un pilar central, pero luego adoptaron la forma de un pilar cuadrado adornado con el símbolo fálico, coronado por una cabeza. Estas curiosas esculturas sembraron las calles de las ciudades, así como las escuelas.

Sea como fuere, podemos considerar que Hermes era, sin duda, el dios que aparecía con mayor frecuencia en la mitología griega.

## Apolo

Hermano gemelo de Artemisa, Apolo nació de los amores entre Zeus y Leto, en la isla flotante de Delos. Su nodriza Temis, que encarnaba la justicia, lo alimentaba con néctar y ambrosía celestes. La siguiente exhortación, por tanto, le fue legítimamente destinada:

*Oh, Febo, desde tu trono de la verdad,*
*desde tu morada en el corazón del mundo,*
*hablas a los hombres.*
*En cuanto Zeus dio la orden,*
*ninguna mentira penetra allí jamás,*
*ninguna sombra oscurece este nombre de verdad.*
*Zeus ha confirmado con un título eterno a Apolo*
*para que todos, con una fe inquebrantable,*
*puedan creer en su palabra.*

Se asocia a Febo, *Phoebus* —el brillante, el resplandeciente—, por lo solar de su poder. ¿Venía del norte, venía del este, como efectivamente todo parecía indicar, ya que aportó una gran ayuda efectiva a Troya y al rey Príamo, durante la famosa guerra?

Además, se asociaba a la Licia, de ahí su asimilación al dios lobo-luz *(lukê)*, investido de nuevo aquí de la potencia solar, tradicionalmente atribuida a Helios, el dios-Sol.

Apolo, dios de la medicina pero también dios-arquero, disparaba a veces sus flechas para dar muerte a los hombres (según Homero), mientras que su hermana Artemisa daba muerte a mujeres, de la manera más dulce posible. En ocasiones, se le atribuía también la paternidad de algunas epidemias que, por otra parte, podía contener como dios-curador.

Venció al dragón-serpiente de Delfos y se impuso, por tanto, como el señor del santuario, presidiendo así los oráculos de la Pitia (véase más abajo).

Asimismo, era considerado el dios de las artes y, en particular, de la música, gracias a la cítara o lira que Hermes le entregó (véase más arriba). Sus diferentes atribuciones divinas fueron evocadas por Píndaro de la siguiente manera:

> *Apolo es quien concede a hombres y mujeres los remedios que curan sus crueles enfermedades; nos ha dado la cítara; la Musa inspira a quienes le agradan. Hace que penetren en los corazones el amor de la concordia, el horror de la guerra civil; gobierna el santuario profético.*
> (Píticas)

A pesar de su notoria belleza, sus amores no fueron muy afortunados. La mayoría de las mujeres a las que intentó seducir no cedieron en absoluto ante sus requerimientos, ni Casandra, la sibila de Cumes, ni la ninfa Sinopé. La ninfa Cirene le dio un hijo, Asclepio, que heredaría las habilidades de su padre relativas a la medicina, y cuyo santuario fue erigido en Epidauro. Además, según una de las versiones relativas al origen de Orfeo, este último fue el fruto de un idilio entre la musa Calíope y el propio Apolo.

Su preocupación por una justicia equitativa lo incitó a enviar a Orestes ante el tribunal del Areópago en Atenas, donde, por otra parte, decidió asegurar la defensa de Orestes, acusado del asesinato de su madre infiel, Clitemnestra, y Egisto, el amante de esta, que a su vez habían asesinado a Agamenón, su padre.

Cabe añadir aún que Apolo, «el más griego de todos los dioses», y sin duda el más amado, tenía como emblema el laurel, y que los animales totémicos que se le asociaban eran básicamente el cuervo y el delfín.

## Los misterios de Deméter y Coré en el santuario de Eleusis

Los misterios de Eleusis celebrados desde la más remota Antigüedad y que se perpetúan hasta el siglo IV[139] de nuestra era gozaron, como todos sabemos, de una gran notoriedad. Esta radica básicamente en el carácter sagrado y secreto que presentaban los ritos que se apoyaban en una página particularmente simbólica, aunque no carente de emoción, de la mitología griega. Veámosla sucintamente resumida. La hermana de Zeus, la diosa-madre Deméter, tenía como hija a la joven y bella Coré (Perséfone), en la que se fijó el Señor de los Infiernos, Hades (Plutón). Este no tardó demasiado en decidirse a raptarla para que reinara a su lado en el reino subterráneo. Sin embargo, antes de desaparecer bajo tierra, Coré llamó a su madre con un fuerte grito. Deméter, que la oyó, se dispuso a buscarla. Anduvo nueve días y nueve noches en busca de su hija, negándose incluso a comer, pero por desgracia la búsqueda fue en vano.

Entonces encontró al rey de Ática, Keleos, que le ofreció hospitalidad en su palacio de Eleusis y le confió la función de ocuparse, como nodriza, de su hijo Triptolemo. Sin embargo, la Tierra se estaba volviendo estéril, porque Deméter ya no estaba capacitada para cumplir sus funciones divinas vinculadas a la fecundidad del suelo. Zeus se preocupó entonces de poner remedio a este problema crucial y acabó imponiendo un pacto a Hades. Por mandato de Zeus, Coré tendría que dividir su vida entre un periodo en la tierra y otro bajo tierra. Así, cada primavera podría salir del Mundo de los Infiernos y surgir del suelo, como la vegetación que surge en los surcos. Así, se asociaría a su madre Deméter, a la que abandonaría de nuevo con la llegada del invierno, para regresar al mundo subterráneo.

A partir de ese día, Deméter confió en Triptolemo, hijo de Keleos, la misión de presentar a los humanos el valioso cereal del trigo, como señal de perfecto reconocimiento. Y lejos de limitarse a ese único don, trasmitió los misterios aferentes a su culto y al de su hija Perséfone.

No nos equivoquemos: la notoriedad y el carácter sagrado y secreto vinculado a estos misterios no podían afectar más que al

---

139. Probablemente perduraron incluso hasta el siglo v, ya que el filósofo Sinesius parece haberse iniciado en ellos.

culto agrario; los secretos de la vida, la muerte y el más allá constituían sus principales preocupaciones. Es en este sentido como Manetón, Pausanias, Plutarco, Píndaro, Sófocles, Platón, Proclo, Cicerón, Plinio y muchos otros autores exaltaron sus virtudes. Arístides el Retórico escribió:

> *Eleusis es el santuario común a toda la tierra; entre las cosas divinas acordadas a los humanos, no hay nada más terrible ni más brillante. ¿En qué lugar han sido cantados mitos más admirables o han captado nuestro espíritu dramas más importantes?*
> (Eleusinos, *t. 1*)

Sófocles, por su parte, señaló la importancia del mensaje de Eleusis relativo a la otra vida: «Oh, tres veces felices sean los mortales que acuden a casa de Hades tras haber visto estos misterios. Sólo para ellos es posible vivir allí; para los demás no habrá más que sufrimiento».

Los iniciados o mistos prestaban juramento de no revelar nada de los misterios que les habían sido desvelados; sin embargo, algunos Padres de la Iglesia pudieron recoger testimonios directos de iniciados convertidos al cristianismo, o recibieron en ocasiones ellos mismos la iniciación de Eleusis, como probablemente ocurriera con Orígenes.

Además, gracias a la presencia de numerosos símbolos obtenidos en el lugar, los trabajos de los arqueólogos contemporáneos, principalmente los de Goblet d'Alvieilla, P. Foucart o M. Brillant y, sobre todo, V. Magnien, permiten reconstruir lo esencial de estas iniciaciones.

La iniciación parecía empezar, como es habitual, por unos rituales de purificación preliminares, principalmente en agua; en las aguas del Ilisos tenía lugar un baño completo. La iniciación original *(meresis)* era, por tanto, comparable a una especie de bautismo previo. San Clemente de Alejandría —padre espiritual de Orígenes— empleaba una fórmula ritual que probablemente relatara esta iniciación:

> *He ayunado, he bebido el* kikeon, *he tomado el objeto de la canasta y después de realizar el acto, lo he puesto en la cesta, y luego de nuevo de la cesta a la canasta.*

El joven que cumplía con los mistos era interrumpido entonces para que bebiese un brebaje constituido por agua y cebada mondada. Después se desvelaban ante los iniciados objetos particularmente sagrados, tanto estatuas de las divinidades como objetos simbólicos. La iniciación integral se desarrollaba en tres fases: la iniciación preliminar obtenida por ritos de purificación, el *adeptat* o iniciación simple *(teleté)* relativo a quienes habían adoptado la doctrina y, por último, la *epoptie (epopteia)*, que se aplicaba a quienes habían tenido acceso al conocimiento superior, gracias, principalmente, a la contemplación. Cabría distinguir también entre los pequeños misterios y los grandes misterios que tenían lugar en Eleusis.

## Los pequeños misterios

Los pequeños misterios se celebraban todos los años en Agra, a finales del mes de Antesterion (febrero-marzo). Tenían que dar lugar a la celebración de un drama en el que se conmemoraba el rapto de Perséfone, ya que, según Aristófanes, los pequeños misterios estaban dedicados a ella en especial.

Antes, los neófitos eran conducidos por el sacerdote de Eleusis, el heraldo sagrado *(hieroceryx)*, llevando los atributos de Hermes —el caduceo y el pétaso—, hasta un pequeño templo dedicado a Coré-Perséfone, en el corazón de un valle rodeado de tejos y álamos. Las hierofantas salían entonces del templo, avanzaban y se situaban en hilera en la parte alta de la escalera. Púdicamente envueltas en sus peplos y coronadas con narcisos, salmodiaban una grave melopea en la que exhortaban a los recipiendarios a vivir su iniciación en los misterios después de pasar por el Mundo de las Tinieblas. Los neófitos se habían convertido entonces en mistos, entreviendo ya las realidades del otro mundo...

## Los grandes misterios

Los grandes misterios se celebraban en otoño, en Eleusis, y presentaban un carácter particular cada cuatro años. Dos grandes familias compartían su culto: los eumolpides[140] y los kerykes.

---

140. Eumolpide, de *eu* («la buena») y *molpos* («la melopea»); por tanto, «quien posee un canto justo», «quien canta con armonía».

Los misterios se desarrollaban durante nueve días y se iniciaban generalmente el 14 del mes de Boedromion (septiembre-octubre); la mayor parte de las actividades cotidianas eran suspendidas y se proclamaba una tregua sagrada en todo el país por unos mensajeros, los espondoforos.

• El día 14, los objetos sagrados simbólicos colocados en una canasta envuelta con ramas de hiedra —la cesta— eran transportados solemnemente de Eleusis a Atenas, sobre las colinas de la Acrópolis, exactamente dentro del Eleusinion.

• El día 15, el hierofante (un eumolpide), asistido por un heraldo (un *keryke*) y por el *dadouque* (portador de la antorcha), advertía a los posibles profanadores de los misterios pronunciando la abertura de las Eleusinias después de exponer los objetos sagrados *(hiera)*. Seguía toda una noche de vigilia, durante la cual los mistos recibían instrucciones por parte de los iniciadores.

• El día 16, se iniciaba la marcha por la vía Sagrada, pasando previamente por el golfo de Phalere con el fin de recibir la purificación del agua. Vestidos con ropa de lino y coronas de mirto, los mistos, al oír la orden formal de sus guías («¡A la mar, mistos!»), se lanzaban al agua para recibir la ablución purificadora.

• El día 17, se efectuaba el regreso a Atenas.

• El día 18, las estatuas de Deméter y de Coré eran llevadas al santuario de Asclepio —dios curador de Epidauro—, en la vertiente sur de la Acrópolis.

• El día 19 se organizaba la larga procesión por Eleusis, que recorría la vía Sagrada. El cortejo transportaba solemnemente los objetos sagrados, y hacía un alto cerca de un puente en el valle del Cefiso, donde tenía lugar una extraña escena calificada de «farsas del puente»: se veía a varios personajes enmascarados insultando y haciendo chanzas de todo tipo hacia los mistos, que estaban muy sorprendidos. Este rito tenía un valor simbólico, ya que recordaba que a la vieja Baubo se le había metido en la cabeza alegrar a Deméter en ausencia de su hija, mediante todo tipo de gracias, y animarla así —en vano— a alimentarse.

• El cortejo se dirigía luego hacia el puerto de Dafnis, que domina Ática, flanqueado por el Parnés y el Himeto. Bajando por la vertiente opuesta, los mistos pasaban cerca de un pequeño templo dedicado a la diosa Afrodita, y luego, después de atravesar el pequeño valle y de dirigirse hacia el valle del Trias, divisaban al fin la ciudad de Eleusis, coronada por sus templos, en lo alto de una colina.

De los tres templos dedicados a Deméter, Hades y Hécato, por desgracia no queda nada; sólo subsiste la sala de iniciación, una sala cuadrada tallada en la roca, rodeada de escalones y de restos de columnas. Este *telesterion*, rectangular en origen, fue reconstruido por Cimón tras el incendio de los persas (480 a. de C.), y más tarde por Pericles, que devolvió la forma cuadrada al plano general. En su centro figuraba una pequeña capilla donde se conservaban los objetos sagrados y que llevaba el nombre de *anactoron*.

Unos corredores completamente cerrados unían estos templos entre sí, y cuando el sol del atardecer iluminaba pálidamente las oscuras columnas, la entrada al fúnebre reino de Hades parecía inminente para los mistos, que se preguntaban sobre su suerte. Estaban fuertemente impregnados por este ambiente angustiante, pero blandían espigas de trigo y llevaban antorchas, como para conjurar la funesta suerte aparente de su iniciación en los misterios. A continuación, tenía lugar una ceremonia, a lo largo de la cual los jóvenes eumolpides se dedicaban al canto sagrado en honor a Deméter, autora del pozo Calícoro.

• El día 20 tenían lugar los sacrificios y era una jornada de ayuno.

• El día 21 constituía una etapa importante para los mistos en el camino de la iniciación. Esa misma noche se les autorizaba a penetrar en el *telesterion*, la sala dedicada a la iniciación propiamente dicha. Los objetos sagrados que iban a ser venerados estaban dotados de un alto valor simbólico: la cesta soportaba en efecto la piña —asociada ya a la diosa-madre Cibeles (aquí, Deméter); servía para designar el fruto de la generación—, así como una serpiente en forma de espiral —que simbolizaba la evolución vinculada al conocimiento— y, por último, el huevo, que evocaba la unidad inicial a la que está vinculada toda manifestación de la vida. Antes, se desarrollaban escenas de una rara intensidad mística, descritas perfectamente por un texto anónimo —atribuido por error a Plutarco:

> *El alma, en el momento de la muerte, siente lo mismo que quienes son iniciados en los grandes misterios... Para empezar tenemos las trayectorias del azar, los penosos recodos, caminos inquietantes y sin final a través de las tinieblas. Antes del fin, el pavor, los temblores, el sudor frío y el miedo en su estado máximo. No obstante, enseguida aparece una luz maravillosa; se pasa por lugares puros y prados, donde resuenan los cantos, donde se observan danzas; palabras sagradas, apariciones divinas que inspiran un respeto religioso. Entonces, el hombre, desde ese momento iniciado y perfecto, es libre y se pasea sin límites, celebra los misterios, con una corona sobre la cabeza; vive con los hombres puros y santos; ve sobre la tierra a la multitud de los no iniciados aplastarse y precipitarse en el lodazal y las tinieblas y, por temor a la muerte, detenerse en las ciénagas, en lugar de creer en la felicidad del más allá.*

Porfirio, por su parte, nos relata la iniciación última en estos términos, haciendo alusión a una impresionante teurgia establecida por el hierofante:

> *Coronados de mirto, entramos con los demás iniciados en el vestíbulo del templo, ciegos aún; pero el hierofante, que está dentro, pronto nos abrirá los ojos. No obstante, primero, porque no hay que hacer nada con precipitación, primero nos lavamos en el agua sagrada. Y es que se nos pide que entremos en el recinto sagrado con unas manos y un corazón puros. Conducidos ante el hierofante, este nos lee, de un libro de piedra, cosas que no tenemos que divulgar, bajo pena de muerte. Digamos tan sólo que se adecuan al lugar y la circunstancia. Tal vez uno se reiría si las oyera fuera del templo; pero aquí uno no tiene ningún deseo de reír al escuchar las palabras del anciano y mirando los símbolos que se nos revelan. Y uno está lejos de querer reír cuando Deméter confirma, con su lengua particular y sus señales, mediante vivos reflejos de luz, nubes amontonadas sobre nubes, todo lo que hemos visto y oído decir a su sacerdote sagrado; entonces, finalmente, la*

*luz de una serena maravilla llena el templo; vemos los puros campos de Eliseo; oímos el coro de bienaventurados. Entonces no es sólo por una apariencia exterior o por una interpretación filosófica, sino en hecho y en realidad, que el hierofante se convierte en el creador (demiurgo) y en el revelador de todas las cosas; el Sol no es más que su portador de antorcha; la Luna, su oficiante junto al altar, y Hermes, su heraldo místico. Sin embargo, la última palabra ha sido pronunciada: «Konx Om pax».*

*El ritual ha sido consumado y somos videntes* (Epoptaï) *para siempre.*

Seguidamente, el iniciado en los misterios, convertido en *epopte*, recibía, según parece, al término de su iniciación, un grano de trigo que el hierofante le colocaba sobre la lengua, en el mayor de los silencios.

• El día siguiente a esta noche destacable, es decir, el 22, se dedicaba al culto a los muertos.

• El 23 de Boedromion, todo el mundo volvía a tomar el camino de Atenas con el corazón desbordante de alegría y el espíritu, de serenidad.

Así pues, Pausanias había podido escribir con razón, según parece:

*Al igual que los Dioses están por encima de los humanos, los Misterios de Eleusis están por encima de todos los demás cultos.*

El culto del dios Dioniso, que se asociaba al de Perséfone,[141] fue introducido tardíamente en la celebración de los misterios, bajo el nombre patronímico de Iacos. Su estatua fue desde entonces situada a la cabeza del cortejo que se hacía de Atenas a Eleusis. Una vez allí, era depositada en el templo o en la casa de algún rico.

Por otra parte, es recomendable abordar, en otro contexto, el alcance de los misterios que se celebraban en honor a este dios del panteón griego.

---

141. En este contexto eleusino, Dioniso se convierte en el liberador de Perséfone, asimilado aquí a su alma gemela: de este modo se transforma en Dioniso-Eleuteros.

## De los misterios dionisiacos al orfismo y las bacanales

Dioniso es un dios probablemente originario de Tracia o de Frigia y, además, no puede ser considerado propiamente un dios olímpico. ¿Acaso estaba más cerca de los humanos, era más accesible a la condición humana que los otros dioses del panteón griego? No cabe duda de que se distinguía por la multiplicidad de sus metamorfosis, seduciendo tanto a las masas como a la elite; todos se identificaban con él. El hecho de que fuera apartado por los dioses del Olimpo era percibido como una persecución.

La forma arcaica del mito apunta que nació de los amores entre Zeus y Deméter, aunque el orfismo le daba por madre a Perséfone (Coré).[142] Al enterarse del nacimiento del niño —que lleva aquí el nombre de Zagreus—, Hera, corroída por la envidia, envió a los titanes a su encuentro, y estos, atrayéndolo con juguetes, no tardaron en matarlo, trocearlo y engullir todos sus fragmentos, después de cocerlos en una caldera, con excepción, quizá, del corazón, que, según se cuenta, fue salvado por la diosa Atenea. De este órgano, que simboliza a la vez la vida y el amor, «renacería» un nuevo Zagreus, que llevaría esta vez el nombre de Dioniso; de ahí la designación del dios con la forma primitiva Dioniso-Zagreus.

A modo de venganza, Zeus decidió fulminar a los titanes, y de sus cenizas nacería más tarde el género humano. Esto llevaría progresivamente a la idea de que Dioniso-Zagreus aparece fragmentado en todos los seres.

La segunda versión señala que nació de la unión entre Zeus y una mortal, Sémele, hija de Cadmo, rey de Tebas. Cuando Hera se enteró de que esta estaba embarazada, adoptó la apariencia de Beroé, la nodriza de Sémele, y con este aspecto le sonsacó el nombre de su amante. Aunque Sémele le había dicho la verdad, Hera fingió no creerla. Añadió que no la creería a menos que Zeus apareciera con su forma auténtica como señor del rayo y de los relámpagos. Sémele, cediendo a su petición, pidió este favor a su amante divino, que se lo concedió al instante.

Desdichadamente, como había calculado Hera, Sémele murió fulminada por esta repentina aparición, pero, antes de que que-

---

142. Se dice que Zeus, para unirse a Perséfone, adoptó la forma de una serpiente.

dara reducida a cenizas, Zeus sacó al niño de su seno. Como este había nacido, en cierto modo, antes de tiempo, a Zeus se le ocurrió la idea de cortarse el muslo y colocar en él a su hijo para que permaneciera allí hasta el momento real de su nacimiento, que se produjo unas semanas más tarde, y valió a Dioniso el sobrenombre de «nacido dos veces».

Ambos relatos del nacimiento de Dioniso permiten descubrir, aunque con diferencias, la idea común de renacimiento, vinculado a este dios original del panteón griego. Por otra parte, las apariciones y desapariciones sucesivas caracterizan constantemente la actividad de Dioniso, como si estuviera destinado a morir y renacer sin tregua. Por lo demás, es en esta perspectiva iniciática y escatológica donde se instauran los misterios órficos, lo que nos lleva naturalmente a evocar al enigmático Orfeo.

Según algunos, Orfeo no era más que el hijo del dios Apolo y de la musa Calíope, que encarna la poesía épica. Sin embargo, una versión diferente apunta que tenía como padre al rey de Tracia, Eagro. Sea como fuere, sin duda debe a su madre la vocación por la poesía y la música. A este respecto, el historiador latino Horacio defendía que representaba al intérprete sagrado de los dioses. Entre la mayoría de obras atribuidas a Orfeo, algunas de las cuales fueron transcritas por Onomácrito, encontramos las *Argonáuticas*, una *Cosmogonía*, una *Demetreide*, *La Vela o la red de las almas*, una *Teología*, *Los Cantos Sagrados de Baco*, *Los Coribantes*, *El Libro de las Mutaciones*, *El Anemoscopio*, etc.

Se supone que este poeta músico inspirado, provisto con su lira, participó en el viaje de los argonautas en busca del vellocino de oro. Calmando las olas con el sonido de su lira, habría incluso llegado a cubrir el canto funesto de las sirenas para evitar el irremediable naufragio. En la isla de Samotracia, parece ser que inició a los argonautas en los misterios de los Cabires. Además, en la fase última del periplo, que tuvo lugar en Cólquida, habría permitido al héroe Jasón hacerse con el famoso vellocino, al hipnotizar a la serpiente situada en el linde del bosque de Ares, que lo mantenía en su seno.

Orfeo, a su regreso a Tracia, se casó con Eurídice, una dríada de la que se había enamorado y con la que fue inmensamente feliz. Resumamos aquí el drama tan conocido que ha sido relatado por muchos autores desde entonces. Eurídice, paseando, pisó sin querer una serpiente, que le mordió en la rodilla; a causa de ello, murió. Invadido por una terrible tristeza, Orfeo decidió entregar a su amada a los Infiernos. Cuando llegó a la laguna Estigia, supo encantar con el sonido melodioso de su lira a Caronte y Cerbero, que desaparecieron de su vista para dejarle penetrar en el reino de Hades. Visiblemente emocionados, Plutón y Perséfone le concedieron el excepcional favor de devolver a Eurídice al reino de los vivos, pero con la condición de que no se volviera para contemplar el rostro de su amada antes de salir de las entrañas de la Tierra. ¡Pero no pudo resistirse a esta tentación suprema de expresarle su amor con una simple mirada, y con ese gesto fatal redujo todo su esfuerzo a la nada! Eurídice regresó para siempre al reino de Hades. Desde ese funesto día, Orfeo vivió recluido y alejado de las mujeres. Las ménades se sintieron ofendidas por ello y se vengaron de lo que consideraban una afrenta por parte del poeta: lo despedazaron e hicieron trizas. Sólo su cabeza permaneció intacta; fue arrojada al Ebro, que la llevó hasta el mar, y llegó a la isla de Lesbos. De su boca, sin embargo, sigue saliendo una única palabra: ¡Eurídice!

Para añadir un sentido todavía más sagrado a esta leyenda, Pausanias afirmaba que Orfeo habría sido en realidad fulminado por el rayo de Zeus por haber revelado los misterios y los secretos de los dioses a los mortales.[143]

Y, ¿en qué consistía el contenido de dichos misterios?

Diodoro de Sicilia respondía de la siguiente forma a esta pregunta: «Orfeo transmitió en las ceremonias de los misterios el desgarramiento de Dioniso» (V, 75, 4). Orfeo, por tanto, se había convertido en una especie de mistagogo, el profeta de Dioniso. Según Diodoro de Sicilia, en efecto, el relato según el cual Dioniso fue despedazado y hervido por los titanes constituiría, entre otras cosas, una alegoría de la producción del vino. ¿Acaso no prensamos la uva, comparable a la sangre de la tierra, antes de hervirla y destilarla? Apolodoro, por su parte, llegó a afirmar que fue el propio Dioniso quien descubrió el vino. Por ello, aunque el tirso dionisiaco estuviera coronado por una piña y rodeado de hiedra, también estaba adornado con pámpano y a veces, incluso, con racimos de uva.

Las libaciones sagradas[144] efectuadas en honor a Dioniso eran, por tanto, en un principio, generadoras de éxtasis. La asi-

---

143. Eurípides, por su parte, afirmaba que Orfeo «mostró las antorchas de los misterios indecibles» (*Rhésos*, 943); con lo cual se acentuaría la importancia de su nombre: Or *(Aor)* y Feo *(Phos)* = la luz... como pleonasmo.

144. Véase a este respecto Patrick Rivière, *Le Graal, histoire et symboles*, ed. Du Rocher, 1990.

milación a la «sangre del dios» sacrificado por los titanes era mantenida a todas luces. ¡Se podían adivinar ya en ella, aunque esta hipótesis parezca precipitada para algunos, las primicias de la transustanciación cristiana!

Las orgías, que convertían las Bacanales en vulgares borracheras alimentadas por la sola exacerbación de los sentidos, no debían manifestarse más que en un periodo decadente posterior, como examinaremos más adelante.

Los órficos, en efecto, empleaban la pureza vinculada al culto del Dioniso-Zagreus original. Por otra parte, concedían un gran espacio a las purificaciones corporales, que se traducían en un ascetismo ejemplar, acompañado de vegetarianismo y de prácticas pitagóricas con un valor soteriológico profundo. De este modo, Orfeo había venido para ahorrarle al alma humana los terrores de la muerte física. El alma humana, inmortal en esencia, podía ser preparada mediante purificaciones sucesivas *(katharmoï)* para escapar plenamente de su «prisión de carne». La trasmigración del alma constituía una certeza para los órficos, como para los pitagóricos, y el objetivo de las purificaciones realizadas en cada encarnación era alcanzar la última perfección que permitiera escapar post mórtem al ciclo de las reencarnaciones.

A estas concepciones puramente escatológicas conviene añadir la importancia de los ritos iniciáticos *(teletai)* órficos, que se traducen en meditaciones y cantos basados en la pronunciación de las vocales. Las bacantes solían proferir, en plena naturaleza, el grito de «¡Evios, Evohé!», identificándose con el Dioniso liberador de la condición humana. Como afirma Mircea Eliade: «Yendo al alcance de la "vida órfica" se llegaba a eliminar el elemento titánico y uno se convertía en un *bakhos*; dicho de otro modo: se separaba y asumía la condición divina, dionisiaca».[145]

El culto dionisiaco exaltaba las riquezas de la naturaleza e incitaba a venerar la abundancia de sus productos. Determinada cantidad de fiestas populares y de ritos exteriores emanaba directamente de él. Así, en Atenas, desde Pisístrato (siglo VI a. de C.), se adquirió la costumbre de celebrar cuatro fiestas públicas en honor a Dioniso:

---

145. Mircea Eliade, *op. cit.*

— las Dionisias de los campos, que tenían lugar en diciembre, y se veía durante su celebración un cortejo paseando un falo de grandes dimensiones en procesión. Esta «faloforia», con su carácter arcaico, parecía ser un rito anterior al culto dedicado sólo a Dioniso. En estas representaciones «carnavalescas» se veían todo tipo de máscaras y disfraces;

— las Leneas, que deben su nombre al término *lenaï*, que se asimila a la palabra *bacante*, según Heráclito. Aquí, el *dadoukos* eleusino invocaba a Iacos (Dioniso) como dispensador de riquezas, como dios de la abundancia;

— las Antesterias, que se celebraban en febrero-marzo. Se realizaban abundantes libaciones en honor al dios, acompañadas de juegos y acrobacias diversas. La reina de la ciudad, Basilina, esposa del arconte-rey, acababa uniéndose al ser que encarnaba al dios Dioniso, manifestando así la hierogamia dentro de la residencia real, el *Boucoleión*, renovando así el acto sagrado creador. El último día se dedicaba a los difuntos con un culto destinado a favorecer la fertilidad del suelo y, en consecuencia, la abundancia de las cosechas. Una vez más, vida y muerte se asociaban en una renovación perpetua;

— las Grandes Dionisias, que se celebraban en marzo-abril, según Platón (*La República*, 475). H. Jeanmaire escribe en su *Dionysos, histoire du culte de Bacchus*:[146]

> *Dioniso es representado sobre un carro tirado por panteras, tigres o ciervos. En otros casos, es tirado por dos sátiros. Este carro tiene un espolón en forma de cabeza de cerdo, con la parte posterior en cuello de cisne. En el interior, dos sátiros desnudos tocan la flauta. Dioniso sostiene una rama de viña. Delante del carro, un trompetista, un flautista, personajes que llevan el altar de los perfumes y portadores de guirnaldas preceden al toro del sacrificio, que está adornado con cintas blancas.*

Unos jóvenes vestidos de sátiros y como representación del dios Pan, acompañados de una multitud de bacantes, se disponían a recibir al cortejo, según nos indica Plutarco. A lo largo de la velada, el toro era sacrificado y se comía su carne cruda, según el rito de la homofagia.

---

146. H. Jeanmaire, *Dionysos, histoire du culte de Bacchus*, París, 1951.

Más tarde, las ceremonias se desarrollaron como espectáculos. El pueblo se reunía en un teatro en el que se representaban comedias y tragedias relativas a los misterios dionisiacos. Como describe acertadamente Édouard Schuré:[147]

*Se permitía a los autores dramáticos llevar el tema de sus obras hasta las tradiciones mitológicas, cuya fuente estaba en los Misterios, pero se les prohibía, bajo pena de muerte, divulgar el sentido oculto de estas o mancillarlas con bromas de mal gusto. A los primeros ciudadanos de Atenas, nombrados por el Arconte y por el Areópago, se les encargó la selección de las obras. Las representaciones se convirtieron en fiestas anuales en honor a Dioniso. La tragedia dejaba de ser una diversión campestre de campesinos borrachos para llegar a ser un culto público de la ciudad de Atenas.*

Por tanto, hay que tener en cuenta toda esta situación cuando uno se decide a estudiar las obras de Esquilo y Sófocles, si bien en Eurípides ya notamos algunas diferencias, puesto que el teatro se estaba convirtiendo en cierto modo en la «escuela de las pasiones», por emplear la expresión de Fabre d'Olivet.[148]

Es cierto que en *Las Bacantes* Eurípides nos describe un culto dionisiaco desenfrenado en el que se ve a las bacantes entregarse a todo tipo de excesos, expresando a su vez la crueldad —despedazando animales vivos y realizando sacrificios sangrientos— y la voluptuosidad orgiaca, favoreciendo desenfrenos sexuales, blandiendo sus tirsos, que habían dejado de producir milagros.[149]

Todos los animales sacrificados —y no únicamente los toros— eran considerados encarnaciones o más bien epifanías de Dioniso, con el que, consumiendo carne cruda del animal, se podía comulgar, identificándose así por completo con el dios. Sin duda, se puede ver en ello la expresión de una «posesión» de tipo chamánico. Sin embargo, si bien estas orgías rituales conducían a una superación efímera de uno mismo, también podían conducir a la bacante al concepto de inmortalidad, con participación plena

---

147. Édouard Schuré, *L'Évolution divine, du Sphinx au Christ*, París, 1951.
148. «El teatro, convertido en escuela de pasiones y no ofreciendo ya al alma ningún alimento espiritual, abrió una puerta por la que se colaron, hasta en los santuarios, el desprecio y la burla de los Misterios, la duda, la audacia más sacrílega y el completo olvido de la Divinidad».
149. Haciendo, por ejemplo, brotar agua o vino de las rocas, como se suponía que hacía Dioniso.

y completa en el mundo divino, como ocurrió en el orfismo: la «santa ebriedad» llevando aquí hasta el éxtasis.

El culto de Dioniso-Baco presentaba el aspecto del ditirambo (*dithyrambos*), de una ronda frenética causada por un sacrificio sangriento y generador de un éxtasis colectivo orgiástico. Estos rituales, de carácter profundamente arcaico, no carecían de relación con los coribantos de Frigia, ya que los participantes se vestían tanto de ménades como de sátiros. Sin embargo, el carácter anteriormente sagrado de estos misterios dionisiacos no había escapado por completo a Eurípides, como lo demuestra en este diálogo entre Dioniso y Penteo, rey de Tebas:

> PENTEO: *¿Cuál es su utilidad, para quiénes los celebran?*
> DIONISO: *No te está permitido saberlo, pero son cosas dignas de ser sabidas.*
> (Las Bacantes, 472-474)

Las cofradías dionisiacas presentaban, de hecho, una estructura iniciática. Se utilizaban algunas grutas como lugares de culto, y las ceremonias secretas se celebraban de noche. A la entrada se realizaban banquetes y danzas sagradas que servían para favorecer la entrada en comunicación, o en comunión extática, con Dioniso.

En la época helenística, cuando su culto fue indiscutiblemente el más popular, se insistía en la importancia de la «resurrección» de quien, nacido de un dios y una mujer, había conseguido vencer a la muerte y liberar al alma humana en sí —bajo la apariencia de Ariadna o de Perséfone— de la muerte, llevándola a los Infiernos y casándose con ella, con el fin de manifestar la hierogamia divina.

En lo referente al valor iniciático que se confería a la faloforia evocada antes, reflejaba la importancia del principio vital generador, que por lo demás es totalmente asimilable a la exaltación del *lingam* de Shiva en la India.[150] ¡Se podría incluso llegar a ver en este emblema fálico la presencia del propio Dioniso, una auténtica epifanía *stricto sensu* del dios!

---

150. Consúltese a este respecto la excelente obra de Alain Danielou, *Shiva et Dionysos*, ed. Fayart, París (edición en castellano: *Shiva y Dioniso, la religión de la naturaleza y el eros*, Kairós, Barcelona, 2004), que se dedica a destacar todas las analogías relativas a estas dos divinidades, así como al ejercicio de sus respectivos cultos.

Roma, que ya estaba familiarizada con el panteón griego en el siglo VI a. de C., bajo el dominio etrusco, asimilaría con gran rapidez los dioses griegos, desde la instauración de la República, a principios del siglo IV a. de C. Esto fue el origen de la transformación casi inmediata de la tríada divina celebrada al pie del Aventino: Ceres, Liber, Libera, convertidos respectivamente en Deméter, Baco (Dioniso) y Proserpina (Perséfone). Su culto se asociaba, por supuesto, a la fecundidad de la tierra, traduciéndose en la germinación y el crecimiento de los preciosos cereales. La fiesta de las Cerealias, que veneraba a Ceres, se celebraba tradicionalmente del 12 al 19 de abril, mientras que las Liberalias, que evocaban el acto creador y la liberación de la simiente, tenían lugar a principios de primavera, el 17 de marzo. A lo largo de dicha fiesta, se paseaba una representación fálica que unas mujeres adoraban y tenían que coronar públicamente en honor a la pareja Liber-Liberia. Aquí se aplica perfectamente la reflexión de H. Jeanmaire:[151] «El emblema del Falo y la jocosidad con la que se producía su solemne paseo se adaptaban doblemente a Dioniso, bajo su aspecto de dios de la alegría y de la licencia de las fiestas».

Por otra parte, se pueden encontrar huellas de este aspecto licencioso en otras fiestas romanas, como las Saturnales, que se celebraban los días 16, 17 y 18 de diciembre y que, bajo pretexto de conmemorar la igualdad y la libertad que reinaban bajo la égida del dios Saturno, en tiempos de la edad de oro, llevaban esos días al pueblo a invertir todos los valores habituales por mascaradas licenciosas en las que la gente se disfrazaba de modos muy diversos. Como apunta Mircea Eliade:

> *El libertinaje de las Saturnales [...] es una suspensión de las leyes y de las costumbres, ya que la conducta de los sexos es ahora totalmente contraria a lo que debe ser normalmente. La inversión de los comportamientos implica la confusión total de los valores, nota específica de cualquier ritual orgiástico. Morfológicamente, los disfraces para cambiar de sexo y la androginia simbólicos son homologables a orgías ceremoniales.*[152]

Fuera de estos desenfrenos situados bajo la égida de Baco, Venus y Príapo, que la mitología latina les atribuiría como hijo, los

---

151. H. Jeanmaire, *op. cit.*
152. Mircea Eliade, *Méphistophélès et l'androgyne*, París.

misterios orgiásticos nocturnos, bajo la forma de Bacanales tradicionales o con algunas modificaciones, se propagaban por la península y, más exactamente, por la Campania. El historiador Tito Livio nos relata que se aprobó un decreto en Roma el año 186 a. de C. contra los «sectadores de Baco», que fueron perseguidos a partir de entonces. Eran por lo menos siete mil, y cinco años después la persecución no se había terminado, lo cual nos demuestra que estos misterios báquicos estaban muy arraigados en el mundo romano.

Esta influencia dionisiaca, por otra parte, realmente nos ha abandonado en Occidente, si pensamos en la frase de Nietzsche: «Todo permite predecir [...] la reaparición gradual del espíritu dionisiaco en nuestro mundo contemporáneo».

## DELFOS: SANTUARIO DEL ORÁCULO Y *OMPHALOS* DEL MUNDO

> *La Divinidad cuyo oráculo está en Delfos no revela ni oculta; significa.*
> HERÁCLITO

Platón escribió en *Fedro*: «Es un hecho que una impresión de divinidad emana de este lugar». La palabra del gran filósofo no era, en suma, más que un eufemismo para reflejar el carácter misterioso y grandioso vinculado a este importante punto de la Grecia antigua.

Delfos ejerció la misma prodigiosa fascinación en otros grandes espíritus del mundo helénico, sobre todo en Píndaro, Pitágoras y Plutarco, y esto aunque, como precisa Georges Roux:

> *Delfos no [ha] dado a Grecia ni un sabio, ni un poeta, ni un filósofo de valor. Tampoco fue uno de esos hogares que irradian cultura. En cambio, fue para la cultura griega un poderoso reflector.*
> (Delfos, son oracle et ses dieux, Les Belles Lettres)

El santuario de Delfos se inscribe, en efecto, en un emplazamiento impresionante, que incluye el monte Parnaso «de doble cima», a cuyos bosques las bacantes *(Thyadas)* acudían en invierno para entregarse al culto báquico, dedicándose a la homofagia en honor a Dioniso. Además, el mito del Diluvio estaba directamente vinculado al monte Parnaso. Veamos a continuación lo que apunta Pausanias:

> *Se dice que Parnaso construyó una ciudad muy antigua en este lugar. Parnaso era hijo de la ninfa Cleodora. Al parecer, su padre era el dios Poseidón, como se dice para muchos héroes famosos. Es él quien, además, inventó según parece la adivinación a través del vuelo de los pájaros. Esta antigua ciudad, construida por Parnaso, habría desaparecido con el diluvio, en tiempos de Deucalion. Algunos habitantes consiguieron escapar al cataclismo y salvar la vida subiendo al monte Parnaso, seguidos por una jauría aulladora de lobos. Existe otra tradición según la cual Apolo se unió a una ninfa llamada Coricia, con la que tuvo un hijo llamado Licoros. La ciudad habría llevado el nombre de Licoros, y la cueva vecina —Corios— debería el nombre a esta ninfa. Este Licoros tuvo un hijo de nombre Yamos, que a su vez tuvo una hija conocida como Celaino, que se unió a Apolo y dio a luz a Delfos. Este Delfos habría dado nombre a la ciudad actual. No obstante, otros apuntan que un habitante de Castalios tenía una hija llamada Thya, que se convirtió en la primera sacerdotisa de Dioniso y que instituyó las orgías sagradas en honor al dios. Fue desde ese momento cuando todas las mujeres invadidas por un furor sagrado que se vuelven fieles a Dioniso se conocen como Thyadas.*

Así pues, el lugar estaba dedicado a Poseidón en tiempos remotos, es decir, durante el III milenio anterior a nuestra era. No olvidemos, por otro lado, que Poseidón estaba considerado, por una parte, «sacudidor del suelo» (de la tierra) y, por otra, «esposo de Deméter»: *Posis Da*.

Al parecer, el santuario había sido edificado sobre una grieta, una especie de falla ocasionada por la actividad sísmica, se decía, pero tanto si es cierto como si no las excavaciones arqueológicas han resultado ser infructíferas hasta el día de hoy a este respecto. Sin duda, se trataba más bien de una cavidad, de una especie de foso oracular habilitado artificialmente, ya que era ahí, según la tradición, donde las exhalaciones de la tierra favorecían el estado de trance en el que la Pitia ofrecía sus oráculos. Cabe añadir que, según Plutarco, la calidad de estos olores era muy diferente según los días:

> *De hecho, creo que la exhalación no es siempre igual, sino que pasa por periodos de debilitamiento, y luego de gran fuerza. El*

*indicio sobre el que fundo esta opinión tiene como garantes a numerosos extranjeros y a todos los ministros del santuario: en efecto, el edículo donde se sientan quienes consultan al Dios se llena, no con frecuencia ni de manera regular, sino a intervalos fortuitos, de un olor y un aliento agradables, como si unas exhalaciones comparables al más suave y más valioso de los perfumes surgieran del lugar sagrado, como una fuente...*

Se trataba de la fuente de Casotis, de la que Pausanias había escrito:

*Dicen que su agua se pierde en las profundidades de la tierra, que va hasta el adyton del dios y que inspira a sus mujeres. La que da nombre a la fuente es, según dicen, una de las ninfas del Parnaso.*

Este «hilillo de agua» que impregnaba la tierra estaba considerado la fuente de las musas:

*Allí, para las lustraciones, se saca del suelo la onda pura de las Musas de bellos cabellos.*
*(Simónides)*

Mencionemos el relato que hizo Diodoro de Sicilia acerca del descubrimiento de esta cavidad tan singular:

*En el pasado, según cuentan, unas cabras descubrieron el oráculo; por este motivo, aún hoy, los ciudadanos de Delfos sacrifican principalmente cabras cuando interrogan al oráculo. El descubrimiento se produjo de la siguiente manera: había un agujero en el suelo, en el lugar en el que hoy se encuentra el adyton del santuario. Las cabras pasaban por ahí, porque Delfos todavía no estaba habitado. Cada vez que un animal se acercaba al agujero y se inclinaba hacia el interior, se ponía a brincar de un modo extraño y emitía balidos anormales. El pastor, sorprendido de este fenómeno, se acercó al agujero, examinó su fondo y tuvo los mismos síntomas que las cabras: estas se comportaban como posesas; el hombre, por su parte, predecía el futuro. Entonces, como la gente de la región oyó hablar de los efectos que producía el agujero sobre quienes se acercaban a él, acudieron en tropel e, intrigados por el fenómeno, quisieron probarlo todos: todo aquel que se acercaba al agujero entraba en estado de trance. Esta fue la razón por la que el oráculo fue reverenciado y considerado como santuario profético de la Tierra. Y, durante cierto tiempo, quienes deseaban consultarlo se limitaban a acercarse al agujero y se ofrecían mutuamente oráculos. A continuación, como muchas personas saltaban al agujero en su estado de posesión y desaparecían, los habitantes de los alrededores, para evitar cualquier peligro, nombraron a una mujer para que fuera la única profetisa para todos, y las consultas tuvieron lugar a partir de entonces a través de ella. Le fabricaron un aparato desde lo alto del cual pudiera entrar de un modo seguro en trance y ofrecer oráculos a los consultantes que acudían al lugar. El aparato tenía tres puntos de apoyo y por ello lo denominaron trípode. El aspecto del invento en conjunto era parecido al de los grandes trípodes de bronce que se siguen fabricando aún hoy. Sobre el modo como se descubrió el oráculo y sobre los motivos que llevaron a la fabricación del trípode, creo que ya he dicho suficiente.*

*En la época antigua, los oráculos, según dicen, eran ofrecidos por vírgenes, porque eran físicamente intactas y de la misma naturaleza que Artemisa: esta era una disposición favorable para guardar el secreto acerca de los oráculos que no tenían que ser divulgados. Sin embargo, se dice que en una época posterior Echécratès de Tesalia acudió al lugar profético, vio a la virgen que profetizaba, fue embargado por una violenta pasión por ella debido a su belleza, la tomó y la violó. Como consecuencia de este escándalo, los habitantes de Delfos dictaron una ley según la cual las profecías del oráculo no serían ofrecidas ya por ninguna virgen, sino por una mujer que pasara de los cincuenta años. La cubrieron con ropa de muchacha, como recuerdo por la profetisa del pasado. Este es el mito que se cuenta acerca del descubrimiento del oráculo.*

A partir de aquí es conveniente estudiar la etimología del nombre *Delfos*: *delphys*, *delphus* que significa «matriz, útero». Ahora bien, existía una leyenda relativa a una serpiente-dragón, con el nombre de Delfín o de Pitón, vinculada al mito fundador de la presencia del culto de Apolo en Delfos, sucediendo así al de Dioniso, Poseidón y la Tierra-Madre, acerca del cual Esquilo había escrito lo siguiente en sus *Euménides*: «En primer lugar, mi plegaria saluda de entre todos los dioses a la primera profetisa, la Tierra».[153]

Y, aunque Esquilo defendía que Apolo se convirtió luego, sin violencia, en el señor del santuario, cabe reconocer que el dios debió usurpar en cierto modo el objeto de devoción relacionado con este antiguo culto ctónico, para impregnarlo con el poder eminentemente solar del que él mismo había sido investido: «Febo Apolo de espada de oro, al pie de las gargantas del Parnaso».

Un combate en el que se enfrentaran la serpiente-dragón y Apolo sería necesariamente el resultado. Apolo salió vencedor, al atravesar a la serpiente con una flecha y exclamar triunfalmente: «Aquí mismo, ahora, púdrete sobre la Tierra nutriente. Ya no serás la epidemia destructora de los humanos».

Apolo había dicho al monstruo «púdrete» *(pytheu)*, de modo que este lugar debía llevar también el nombre de *Pytho*; la alusión alcazaba su punto máximo, entre la serpiente-dragón Pitón y la noción de putrefacción, ya que se desprendía un olor nauseabundo, antes de dejar paso a un auténtico «perfume oracular».

Si, según esta versión, se trata de una serpiente-dragón macho, por el nombre de Pitón, no debemos olvidar, sin embargo, la anterior, según la cual se trataba de una serpiente hembra, llamada Delfín, guardiana de «la fuente de bellas ondas». De hecho, el delfín se asociaba a Apolo (véase más arriba), ya que se metamorfoseó en este animal, según la indicación ofrecida por el himno del poeta:

> *Puesto que he saltado por encima de vuestra nave, en la mar brumosa, metamorfoseado en delfín* (delphis), *me llamaréis «Delphinios» en vuestras oraciones, y el altar, bajo el nombre de «Delpheios», será reverenciado eternamente.*

Así es, por tanto, como los griegos justificaban el origen de este sitio oracular de Delfos. En cuanto a la sibila que debía ofrecer oráculos en este lugar, no podía llevar otro nombre predestinado que no fuera... ¡Pitia! De hecho, no debemos olvidar que el término *puthô* significaba también «interrogar». Ahora bien, la Pitia interrogaba las entrañas de la Tierra sublimadas por el sacrificio de la serpiente Pitón realizado por Apolo y así lo vaticinaba,

---

153. «La tierra-madre, [...] que dio sola a luz a todos los seres, los alimenta y recibe de nuevo el germen fecundo» (Esquilo, *Coéforas*).

es decir, respondía en estado de trance a las preguntas planteadas por sus interlocutores.

La gente acudía de todas partes para consultarla, y la notoriedad concedida a su misterio inspiró en gran medida al poeta contemporáneo Paul Valéry:

*La Pitia, exhalando la flama*
*de ollares endurecidos por el incienso.*
*Jadeante, ebria, aúlla... con el alma*
*horrible y los flancos mugientes...*
(«*La Pitia*»)

Si bien, de una manera general, como indica Píndaro (*Píticas*), Apolo «gobierna el santuario profético», conviene destacar que en invierno su medio hermano Dioniso[154] lo reemplazaba, mientras él se retiraba al norte, a las regiones hiperbóreas paradisiacas.

Además, al santuario de Delfos se debían dos frases célebres: «Conócete a ti mismo» (*gnôti seauton*) y «Nada en exceso» (*mêden agan*). Este último apotegma hace hincapié en la virtud de la templanza. Veamos lo que escribió Pausanias al respecto:

*En el pronaos del templo aparecen grabados útiles consejos que hacen referencia a la vida humana, emitidos por estos hombres a los que los griegos denominaban Sabios. Eran jónicos, como Tales de Mileto y Blas de Priene; eólicos, como Pítaco de Mitilene; dóricos, como Cleóbulo de Lindos; atenienses, como Solón, o espartanos, como Chilón. El séptimo era Periandro, hijo de Cipselos [...]. Son estos Sabios los que mandaron inscribir en el templo de Apolo, cuando se reunieron en Delfos, las máximas conocidas por todos: «Conócete a ti mismo» y «Nada en exceso».*

*En el interior del templo se puede admirar una estatua de bronce que representa a Homero sobre una columna, y leer el oráculo que la Pitia le entregó cuando acudió a consultarla: «Feliz e infeliz —puesto que has nacido para este doble destino—,*

---

154. Como relata Édouard Schuré: «Apolo y Dioniso son hermanos, pero sus dominios están separados. Apolo lo sabe todo, y cuando habla lo hace en nombre de su padre. Dioniso, por su parte, no sabe nada, pero lo es todo, y sus acciones hablan por él» (*L'Évolution divine, du Sphynx au Christ*, ed. Du Rocher).

*me preguntas dónde está tu patria. No tienes patria, sino "matria". La isla de Io es la patria de tu madre y te recibirá cuando mueras. Sin embargo, aléjate del enigma de los jóvenes muchachos». Los habitantes de la isla de Io muestran una tumba de Homero y, en otro lugar, una tumba de Climena, afirmando que es la madre de Homero. Pero la gente de Chipre defiende que Homero nació en su territorio y le atribuyen como madre a una mujer de la isla, llamada Temsisto. Por mi parte, no tengo ninguna opinión sobre el lugar en el que nació Homero ni sobre la época en que vivió.*

*En el templo hay también un altar de Poseidón, porque en los tiempos remotos el oráculo pertenecía a este dios. Asimismo, hay estatuas de dos de los Destinos y, en el lugar del tercero, una estatua de Zeus-Maestro-del-destino y de Apolo-Maestro-del-destino. Todavía puede verse el hogar sobre el que el sacerdote de Apolo asesinó a Neoptólemo, hijo de Aquiles, y, a poca distancia de este hogar, el trono de Píndaro. Cuando el poeta iba a Delfos, se sentaba en este trono y cantaba odas en honor a Apolo. A la parte más interna del templo, poca gente puede acceder. Allí se yergue una estatua de oro de Apolo.*

Además, en el centro del frontón del templo se leía la letra epsilon, inicial de la palabra griega *ei*, que significa «Él es»; «Él» designaba probablemente a la divinidad. Cabe señalar que Plutarco, que era sacerdote de Apolo —no lo olvidemos—, le dedicó todo un tratado titulado *Sobre la E de Delfos*. ¿Se trataba del dios Apolo, de Zeus, de Poseidón o, con mayor probabilidad, de una evocación a la divinidad originaria, expresándose a través de las nociones de *logos* y de *noûs*, de las que volveremos a hablar?

Numerosas ceremonias cultuales se desarrollaban además en el santuario de Delfos, acompañadas de los Juegos Píticos, en los que se convocaban concursos de canto y de poesía.

Plutarco consideraba que una de las «ceremonias más santas» de Delfos era el Septerion o «fiesta de las coronas», que conmemoraba la victoria de Apolo sobre Pitón, así como las purificaciones a las que se entregaba el dios en Tempe después de haber extendido la sangre del monstruo sobre la Tierra. Parece ser que había que ser un iniciado para asistir a esta celebración. «El himno homérico a Apolo» sugería de un modo estupendo el valor sagrado de este arquetipo de asesinato del «dragón», llevado a cabo por el joven dios, que exclamaba:

>*«Aquí, ahora, vas a pudrirte sobre la tierra nutriente de los hombres.*
>*Y no volverás a hacer daño a quienes viven sobre el suelo.*
>*Y podrán efectuar hecatombes de bueyes inmaculados,*
>*ellos, que comen los frutos de la tierra fecunda».*
>*Así habla el dios. Y la noche cubre los ojos de la Bestia.*
>*Y esta se empieza a pudrir en este lugar, bajo el ardor sagrado del Sol.*
>*Y desde entonces se la llama Pitón y el Señor es nombrado Pitiano.*
>*Porque es aquí donde se ha podrido el monstruo bajo el fuego penetrante del Sol.*

El Septerion se celebraba tradicionalmente cada ocho años, al igual que los Juegos Píticos, según el ciclo sagrado del «gran año» de noventa y nueve lunaciones.

Nos queda evocar aún una tradición importante que se desarrolló en Delfos. Se trata de la presencia de una piedra sagrada que enseguida fue asociada a la que había sido envuelta en una mantilla y que Cronos se habría tragado creyendo que era su hijo Zeus, como hemos visto antes. Sabemos que Cronos la vomitó y que cayó en Delfos, convirtiendo este lugar en el centro del mundo griego, pero también en el *omphalos* u ombligo del universo manifiesto.

En su *Teogonía*, Hesíodo (h. 493-500) escribió acerca de esta «piedra de Cronos»: «Y Zeus la puso sobre la Tierra en los anchos caminos, en Pitia la divina, bajo las faldas del Parnaso, como monumento eterno para maravilla de los humanos».

Pausanias, por su parte, declaró que había visto en su época una piedra «no demasiado grande» sobre la que se practicaban unciones de aceite, piedra sagrada cubierta algunos días de lana bruta, que muy pronto se asimilaría a la piedra vomitada por Cronos. Figuraba tradicionalmente en la parte sagrada del templo —el *adyton*: literalmente, «sala donde no se entra»— bajo un baldaquino de columnillas, cerca del trípode, en el orificio oracular *(chasma gês)*, en compañía del laurel sagrado apolíneo, de una estatua de oro de Apolo y de la tumba simbólica de Dioniso (predecesor y sustituto estacional de Apolo).

Una red, el *agrenon*, cubría esta piedra, y un mármol que representaba esta especie de betilo fálico se encuentra en el Museo de Delfos.

A este respecto, Pausanias había escrito: «El *omphalos* no es nada más que un bloque de mármol blanco, que se supone que se halla, según los habitantes de Delfos, en el centro de la Tierra. Píndaro lo dice también en una de sus odas».

Tradicionalmente, el *omphalos* era representado también coronado por dos águilas de oro, lo cual nos lleva de manera natural a la leyenda según la cual Zeus había dispuesto dos grandes águilas en las antípodas del mundo conocido, y las dos aves habían llegado a Delfos, que aparecía como el centro supremo y sagrado en el que la Tierra se entreabría para ofrecer sus profecías a través de su Pitia.

## DEL MITO A LA FILOSOFÍA GRIEGA

*Por tanto, en lo referente a los propios Dioses, los mitos los representan de conformidad con lo que puede ser divulgado y con lo que es indecible, con lo que es oscuro y con lo que es visible, con lo que está claro y con lo que está oculto.*
SALUSTIO, Des dieux et du monde

Antes de abordar el paso del mito como modo de expresión a la filosofía propiamente dicha, conviene evocar la función del primero y, así, volver a su origen, a su esencia originaria.

Como apunta Mircea Eliade:

*El mito está considerado como una historia sagrada y, por tanto, una «historia verdadera», porque hace referencia siempre a realidades.*

Y, por tanto:

*Conocer los mitos es aprender el secreto del origen de las cosas. En otras palabras, no sólo se aprende cómo han llegado a existir las cosas, sino también dónde encontrarlas y cómo hacer que reaparezcan cuando desaparecen. La «historia» narrada por el mito constituye un «conocimiento» de tipo esotérico, no sólo porque es secreta y se transmite a lo largo de una iniciación, sino también porque dicho «conocimiento» va acompañado de un poder mágico-religioso.*
(Aspects du mythe, *Gallimard*)

Por ello, no podemos considerar en absoluto que la mitología esté manchada de un carácter peyorativamente en desuso con relación a la historia religiosa de los libros sagrados. Todo lo contrario: el mito refleja por su propia naturaleza un elemento fundamental, aunque velado, de la «doctrina», del que la pura historia religiosa no podrá rendir cuentas, ya que sólo el lenguaje simbólico sería capaz de traducirla. Ahora bien, el lenguaje simbólico es el modo de expresión de la mitología.

Así, los relatos mitológicos, lejos de constituir simplemente una fuente de entretenimiento, revestían en cierto modo una función eminentemente sagrada, ocultando algunos «arcanos», que habitualmente sólo se revelan durante las celebraciones de los misterios. Así pues, fue misión de algunos raros autores y poetas —ellos mismos iniciados en dichos misterios— transmitir estas verdades a la posteridad, bajo la forma alegórica, adoptando el aspecto de un relato mitológico, como lo atestiguan las obras de Hesiodo, Homero y Orfeo, y más tarde las de Ovidio y Virgilio en el mundo latino.

Proclo, de hecho, escribiría sobre esto muy acertadamente:

> *Que los mitos actúan sobre el conjunto de los humanos es lo que manifiestan las iniciaciones. Porque estas, usando mitos para recoger la verdad inefable sobre los dioses, suscitan en las almas, de forma divina e insondable para nosotros, una comunidad de sentimiento con lo que expresan en acción.*
> (*Comentario sobre* La República)

Es en este crisol rebosante de mitos, de una amplitud y una riqueza desiguales, donde se inició la filosofía griega, lo cual hizo que, mucho más tarde, Martin Heidegger dijera de manera genérica, y justamente, que «la filosofía habla griego...».

Estos «amigos de la sabiduría» (*philos-sophia*), los presocráticos, cuyo pensamiento discursivo sobrevolamos de manera general en el estudio contemporáneo de la filosofía, constituyen, a pesar de todo, la primera piedra de la auténtica metafísica, en la que la noción de un Dios original, sin embargo, no está ausente. Esto se revela de una manera subyacente, desde los «físicos» como Tales de Mileto hasta Pitágoras, pasando por Anaximandro, Heráclito y su concepto del *Logos*[155] o Verbo trascendente, acompañado del principio de «armonización de los contrarios» —*contraria sunt complementa* («los contrarios son complementarios», afirma un dicho latino)—, Empédocles y su noción de *sphaïros* (la esfera del Universo) y Anaxágoras de Clazómenas y su concepto de *noûs*, inteligencia espiritual creadora y activa que anima el mundo unitario (principio de la «homeomería») si se infunde en permanencia, para separarlo y reorganizarlo a su modo.

Evoquemos sucintamente a Pitágoras, cuyo desarrollo del pensamiento merecería ya por sí solo el contenido de una obra.

## PITÁGORAS Y EL PITAGORISMO

Pitágoras nació en Jonia, en la isla de Samos, hacia el año 500 a. de C. Aunque su historicidad fue puesta en duda después de su muerte, no se puede dudar de su existencia, si bien cabe reconocer, en el relato de su vida y su obra, una parte evidente de leyenda.

Según esta, Pitágoras efectuó numerosos viajes, que le llevaron hasta Babilonia, donde encontró a magos persas iluminados por la religión zoroástrica, o hasta Egipto, donde fue recibido por el faraón Amasis en persona, que al parecer lo presentó a los sacerdotes de Menfis. Según Jámblico (en su *Vida pitagórica*), Cambises lo internó incluso en Babilonia junto con sacerdotes egipcios durante doce meses, como mínimo. Plutarco llegó a añadir que Pitágoras estuvo también en contacto con druidas de la Galia, que le habrían iniciado además en sus misterios.

Es cierto que en tiempos de su concepción sus padres se dirigieron a Delfos para preguntar a la Pitia, que les declaró básicamente que su hijo «sería útil a todos los hombres, en todos los tiempos», lo cual no deja de acentuar el carácter predestinado que debía poseer su vida. En este hecho descubrimos también el origen de su nombre, ya que *Pitágoras* guarda relación con la palabra *pitia* (de *puthô*, «interrogar»... ¡el oráculo de Delfos!).

Desde la edad de dieciocho años, Pitágoras se dedicó al estudio de la filosofía. Posteriormente, en su vigésimo año de vida, fue alumno de Ferécides en Siros y estuvo durante mucho tiempo con Tales en Mileto, codeándose probablemente también con Anaximandro.

---

155. «El *Logos* es aquello por lo que llegan todas las cosas» (Heráclito). Heráclito, haciendo hincapié en la importancia del elemento Fuego, escribió también: «El alma (psique) es de naturaleza ígnea».

Después de sus diferentes viajes dedicados a estudiar los misterios antiguos y tras haber formado a la nueva Pitia de Delfos, Teoclea, la «pitonisa especialmente inspirada», Pitágoras partió hacia la floreciente ciudad de Crotona, donde fundaría su famosa escuela. Sus enseñanzas eran pluridisciplinares, puesto que el espíritu de la geometría se combinaba armoniosamente con el espíritu de elegancia, según la expresión consagrada más tarde por Blaise Pascal. De forma análoga, Pitágoras preconizó de hecho el equilibrio perfecto en la educación entre la salud del cuerpo y la del alma: *Mens sana in corpore sano* («Una mente sana en un cuerpo sano»).

Así fue como Pitágoras llegó a fundar su escuela en Crotona, en el extremo del golfo de Tarento, para enseñar la doctrina que lleva su nombre: el pitagorismo. Crotona, al igual que Sybaris, se había convertido en la ciudad más próspera de la Italia meridional. ¿Por qué eligió Pitágoras esta ciudad? Édouard Schuré intentó dar una respuesta en *Grands Initiés* (Librairie académique Perrin, París, 1960):

> *Varias razones llevaron a Pitágoras a elegir esta colonia dórica como centro de acción. Su objetivo no era tan sólo enseñar la doctrina esotérica a un círculo de discípulos elegidos, sino aplicar, además, los principios a la educación de la juventud y a la vida de Estado. Este plan comportaba la fundación de un instituto para la iniciación laica, con la intención segunda de transformar poco a poco la política de las ciudades, a semejanza de ese ideal filosófico y religioso. Sin duda, ninguna de las repúblicas de la Hélade y del Peloponeso iba a tolerar esta innovación. Se habría acusado al filósofo de conspirar contra el Estado. Las ciudades griegas del golfo de Tarento, menos minadas por la demagogia, eran más liberales.*
>
> *Pitágoras no se equivocó en absoluto al esperar ser bien recibido por sus reformas en el senado de Crotona.*

Pitágoras tuvo una rápida repercusión, por tanto, mediante discursos ofrecidos en Crotona, y provocó una auténtica revolución de las mentes, hasta tal punto que el Senado o Consejo de los Mil empezó a preocuparse. Pitágoras aprovechó entonces la ocasión para intentar persuadir a las autoridades de la ciudad de la legitimidad de su gestión, que, lejos de quebrantar los cimientos de la constitución dórica, no haría en suma más que reforzarla por un conocimiento y una ética, si se le ofrecía la posibilidad de efectuar una enseñanza abriendo una institución a un mayor público. De este modo, nacería poco tiempo después la escuela pitagórica, que llevaba a sus alumnos tanto al conocimiento de los mitos y los arcanos que estos contienen como a la medicina natural —incluso mágica—; a la ciencia de los números y de los astros y a la armonía que los rige —gracias a las correspondencias analógicas que se desprenden de ellos—; al estudio de algunos *glyphes* o caracteres sagrados; o al estudio filosófico de los principios que tienden a la inmortalidad del alma y a la metempsicosis o ley de trasmigración de las almas.

La escuela de Crotona, abierta a un vasto público, veía cómo cada día aparecían nuevos alumnos de otros lugares. Y es que Pitágoras no establecía ninguna diferencia entre los distintos estratos sociales que se presentaban ante él; los únicos valores a los que daba importancia eran el esfuerzo y el mérito individual. Por supuesto, esto provocó muchas envidias por parte de sus alumnos más acomodados, y encendió el odio hacia su persona, lo que le valió una auténtica revolución fomentada por un alumno, Cyclon, al que había negado la instrucción superior. Todos sabemos lo que ocurrió después: el «templo de las musas» desapareció, la escuela pitagórica de Crotona se incendió y quedó destruida para siempre.

No obstante, los pitagóricos se dispersaron por la cuenca mediterránea y divulgaron las ideas de quien consideraban un maestro auténticamente «inspirado». El pitagorismo llegaría así a organizarse y establecerse, apoyándose en una determinada serie de preceptos que constituían una verdadera doctrina. Lo esencial constituiría una quincena de obras, en particular el *Hieros Logos* (Discurso Sagrado), *Del Universo* y los famosos *Versos áureos*, aunque es obligado constatar que sus discípulos participaron ampliamente en esta redacción, ya que, como apunta a este respecto el profesor Monod-Herzen (en *L'Alchimie méditerranéenne*, Adyar, París, 1962) en su capítulo dedicado a los «Mitos y filósofos de la Grecia antigua»:

*Entre los pitagóricos era común atribuir al maestro trabajos de los discípulos, y esta costumbre siguió vigente; la encontramos en Egipto, en los autores árabes y sobre todo entre los alquimistas de la Edad Media. No hay que creer que este empleo de seudónimos tuviera como único fin asegurar el éxito de una obra; la elec-*

*ción del supuesto autor solía ser un indicativo del medio en el que la obra había sido creada, hasta el punto de constituir a veces la firma colectiva de una escuela, como ocurría con los pitagóricos.*

Pitágoras había insistido en su doctrina en la importancia del número, en el que veía al elemento más sagrado de todos. «Todo está ordenado a partir del Número», afirmaba en *Hieros Logos*, citado por Jámblico, y nada había para él más hermoso que la armonía. Así describió una auténtica filosofía de los números de la que se desprendían los principios y las leyes del universo, por mediación del simbolismo especulativo y operativo. Cuando Platón creyó oportuno escribir en *Epinomis* «Los Números son el más alto grado del Conocimiento» o «El Número es el Conocimiento mismo», se estaba inscribiendo a sí mismo, en cierta medida, en las filas pitagóricas.

Más tarde, en el siglo I de nuestra era, el pitagórico Nicómaco de Gerasa distinguiría la aritmología o mística de los números —que se ocupaba del Número divino, Número-Idea o Número puro (en *Teologumenos aritméticos*)— de la simple aritmética. En su *Introducción a la aritmética* podemos leer:

*Todo lo que la naturaleza ha ordenado sistemáticamente en el Universo parece tanto en sus partes como en conjunto haber sido determinado y puesto en orden en conformidad con el Número, por la previsión y el pensamiento del Creador de todo; porque el modelo fue fijado, como un esbozo preliminar, por la dominación del Número preexistente en el espíritu del Dios creador del mundo, número-idea puramente inmaterial bajo todas las relaciones, pero al mismo tiempo la auténtica y eterna esencia, de manera que, en conformidad con el Número, como a partir de un plan artístico, fueron creadas todas estas cosas, y el Tiempo, el movimiento, los cielos, los astros y todos los ciclos de todas las cosas.*

En sus *Teologúmenes* escribía acerca del ordenamiento del Caos original:

*El Caos primitivo, que carecía de orden y de forma, y de todo lo que diferencia en función de las categorías de la calidad, de la cantidad, etc., fue organizado y ordenado a partir del Número.*

Esta ciencia de los números se traduce, por tanto, en los pitagóricos como una verdadera aritmosofía o sabiduría de los números.

Porfirio, retomando los escolios pitagóricos atribuidos al pitagórico Moderado de Gades, extrae de ellos las siguientes líneas: «Los pitagóricos denominan Uno a la idea de identidad, de unidad, de igualdad, de concordia y de simpatía en el Mundo, y Dos a la idea del otro, de la discriminación y la desigualdad». La mónada actúa, por tanto, por división de sí misma, y se divide en dos partes, en díada creadora para formar la tríada del Universo dividido en tres esferas concéntricas. Así pues, el ternario se asociaba así al proceso vital en todas las cosas del mundo manifiesto. El neopitagórico Teon de Esmirna escribía con respecto a esto:

> *Los pitagóricos consideraban todos los términos de la serie natural de los números como principios, de modo que, por ejemplo, el número tres (la tríada) es el principio de tres entre los objetos sensibles, y el cuatro (la tétrada), el principio de todos los cuatros...*

De estos cuatro primeros números parece proceder la década pitagórica (el número 10) por mediación de la *Tetraktys* que Pitágoras consideraba de suma importancia, como atestigua el enunciado del juramento de secreto prestado por los miembros de la escuela de Crotona: «¡Juro por el que ha transmitido a nuestra alma la *Tetraktys* en que se encuentran la fuente y la raíz de la naturaleza eterna!» (dístico citado por Jámblico).

Si, como número divino o puro, según los pitagóricos, la década expresada por el número 10 se identifica a la perfección con el Universo, convirtiéndose así en su arquetipo, la *Tetraktys*, a su vez, evoca más bien la armonía, por su progresión aritmética de los cuatro primeros números, cuyas relaciones sugieren los principales acordes musicales: la relación de 4 a 2 o de 2 a 1 representa la octava; de 3 a 2, la quinta; de 4 a 3, la cuarta... De este modo, Jámblico, recordando a Aristóteles, escribió: «Tetraktys, armonía pura, la de las Sirenas».

Y a esta pequeña *Tetraktys* fundamental se añadiría la gran o doble *Tetraktys*: $(1 + 3 + 5 + 7) + (2 + 4 + 6 + 8) = 36$, constituida por la suma de los cuatro primeros números pares y los cuatro primeros números impares, que Platón empleará en *El Timeo* para intentar explicar la armonía de las esferas.

Si bien el *Hieros Logos* —citado por Siriano— considera la década como la clave del Universo, el pitagórico Nicómaco de Gerasa la califica de todo por el cual el «Dios que ordenaba con arte» ha organizado el Universo, «ya que sirvió como medida para el todo, como una escuadra y un tendel en manos del Ordenador» *(Teologumenos).*

Esta década llevada a la mitad, condensada, definiría la péntada o número 5 (2+3), como número de la vida, de la generación sometida a Afrodita, la diosa del amor y de la belleza plástica. La estrella de cinco puntas, pentagrama o pentágono estrellado, constituirá su representación gráfica, al igual que el *glyphe* de reconocimiento de las cofradías pitagóricas.

Todo lo relativo al orden microcósmico se combina para exaltar el poder del pentagrama, tanto en el reino vegetal, como en el animal y, sobre todo, en el humano, ya que el hombre será representado más tarde gráficamente en el pentáculo, especialmente en el Renacimiento, tanto por el oscuro Cornelio Agripa de Nettesheim como por el propio Leonardo da Vinci, que ilustraría en 1509 el tratado de Luca Pacioli di Borgo, titulado con gran acierto *De Divina Proportione*. El ser humano, la estrella de mar y la flor primaveral están, por tanto, reunidos en la misma inquietud por la armonía por parte del Creador.

El trazado del pentagrama incluía, además, la relación sagrada de la sección dorada o número de oro:

$$\frac{1 + \overline{=5}}{2} = 1{,}618$$

Esta divina proporción, como les gustaba denominarla en la Antigüedad, se empeñaba en mostrar la división asimétrica más simple de una determinada longitud, en dos partes, cuya relación, de mayor a menor, era igual a la relación de la suma de las dos con la más grande, es decir:

$$a + b/a = a/b$$
$$(si\ a > b)$$

La obra de Matila Ghyka dedicada al número de oro (véase bibliografía) sigue siendo, sin duda, la más importante que se haya escrito sobre este tema, como continuación de su *Estética de las proporciones en la naturaleza y en las artes*.

Proyectado en el espacio, el pentágono sagrado, señal de reunión de los pitagóricos, dará origen al dodecaedro estrellado de doce o veinte puntas, manifestando la armonía propia que caracteriza el alma del mundo, según la concepción que será retomada más tarde en el enfoque ideal y arquetípico de los cuerpos y volúmenes platónicos.

El dodecaedro, por su parte, tenía una importancia fundamental, puesto que parecía estar situado, como esencia primordial, en el origen de la tetrasomía, es decir, de los cuatro elementos: Fuego, Agua, Aire y Tierra, respectivamente representados por el tetraedro, el icosaedro, el octaedro y el cubo; el conjunto de poliedros se hallaba contenido en la esfera, «el más bello de los cuerpos sólidos», según Alexander Polyhistor.

Acabemos rápidamente con la evocación de esta aritmología y geometría sagradas de los seguidores de Pitágoras con un examen sucinto de los números 7 y 9.

El número 7 manifestaba el poder de la presencia divina en el mundo temporal, como la luz espectral se descompone en siete colores. La evolución adoptaba, según los pitagóricos, una escala de siete grados. Este número sagrado, por tanto, estaba particularmente vinculado a la iniciación, así como a la virginidad, cualificando cualquier manifestación primera, mientras que el número 9 designaba sin ambages a las nueve musas del universo helenístico: sabemos que estas evocaban el conjunto de disciplinas intelectuales y artísticas, reflejando los nueve mundos del triple ternario y asociándolos de tres en tres.

Tras este examen de la situación del valor sagrado y artístico de los números otorgado por los pitagóricos y de su aplicación directa, tanto en la estética de las formas como en la catarsis musical, abordemos el aprendizaje místico divulgado por el pitagorismo.

La doctrina enseñada por Pitágoras, «el dios del muslo de oro», como lo llamaban sus discípulos, aparecía intensamente impregnada de una influencia oriental. Porfirio sostenía que estaba influenciada tanto por el Egipto antiguo como por Caldea, así como por Persia. ¡Incluso se ha llegado a afirmar que mantuvo relaciones de orden místico con gimnosofistas de la India!

El místico y teúrgo Fabre d'Olivet definió perfectamente los propósitos de esta doctrina con las siguientes palabras:

*El objetivo de la doctrina de Pitágoras era iluminar a los hombres, purificarlos de sus vicios, librarlos de sus errores, devolver-*

*los a la virtud, a la verdad; y, después de haberlos hecho pasar por todos los grados del entendimiento y de la inteligencia, hacerlos semejantes a los Dioses inmortales.*
(*En* Examens des vers dorés de Pythagore, *Bodin*)

La cofradía pitagórica era bastante cerrada, y los neófitos eran sometidos al silencio absoluto durante cinco años. La pureza de esta vida en comunidad, donde la ascesis mística era una regla, debía llevar a los seguidores de Pitágoras a acceder al conocimiento supremo de Dios, del universo y de los hombres.

La catarsis o purificación interior era inducida por la recitación de melopeas contemplativas, cuya armonía auditiva se apoyaba en la ciencia de los números, clave del arpegio y del ritmo en el corazón del fraseado musical. Aromas deliciosos llenaban la atmósfera, en la que los pitagóricos evolucionaban y ejecutaban danzas eminentemente sagradas. Jámblico y Diógenes Laercio coincidían en declarar que vivían con la preocupación constante por la pureza máxima. Después de las abluciones y de las purificaciones rituales, se vestían con la tradicional túnica de lino blanco, como criaturas angelicales descendidas de los cielos.

El vegetarianismo era también riguroso, y los pitagóricos sólo consumían carne de animal, como por ejemplo de gallo blanco, cabra de leche y cochinillo, de manera excepcional, y tras haberlos sacrificado ritualmente. Las comidas se iniciaban con eufonías, que ofrecían a la memoria la ocasión de ejercitarse con ayuda de numerosos medios mnemotécnicos, que les habían sido enseñados. Estos ágapes frugales y sobrios veían cómo se desarrollaba en la comunidad el culto de la amistad, que, lejos de desembocar en sectarismo, favorecía un sentimiento de amor y caridad para con el prójimo.

Además de la exaltación de las virtudes gracias a una catarsis constante y a la ciencia mística de los números, la doctrina pitagórica se apoyaba básicamente en la palingenesia y, más exactamente, en la metasomatosis, especie de metempsicosis destinada a la trasmigración de las almas en nuevos cuerpos por un proceso de reencarnación. Luciano (en *Demonax*, IX, 237; siglo II a. de C.) prestó a este respecto las siguientes palabras al cronista Pausanias:

*Pitágoras fue el primero en llevar a Hélade estos dogmas: la inmortalidad del alma y la metempsicosis, los ciclos de la homogeneidad de todos los seres vivos.*

No sólo se había formulado el principio de la inmortalidad del alma, con facultad de evolución post mórtem según el principio de palingenesia, sino que la trasmigración misma del alma en un nuevo cuerpo se revelaba como probable; el *noûs* o inteligencia espiritual activa revestía así nuevas formas hasta alcanzar la perfección última. La inmortalidad, por tanto, se convertía en algo posible, tanto bajo la forma de un cuerpo luminoso como el de un *daïmon* (un genio) o incluso de una constelación, como los héroes de la mitología griega, colocados en el Cielo bajo la pluma de los poetas... El neopitagórico Nigidius Figulus insistió particularmente en este punto en su tratado *De Signis*.

La idea según la cual el alma inmortal está prisionera en un cuerpo mortal comparable a una prisión temporal —según la famosa ocurrencia, cuya paternidad recaería más tarde en Platón, que asocia *sôma*, «cuerpo», con *sêma*, «tumba» (en *Gorgias*)— es un concepto apreciado por los pitagóricos, como partícipe natural en el dominio de la gnosis salvadora (*gnôsis*: «conocimiento»).

El otro elemento fundamental de la doctrina de Pitágoras residía en la ley de correspondencias entre el macrocosmos y el microcosmos, el Cielo y la Tierra, el universo y el hombre. «Las cosas del cielo en la tierra tienen para los conjuntos y las partes sus relaciones de concordancia, basadas en ella [la Década] y ordenadas según ella», escribió Nicómaco de Gerasa. En el *Hieros Logos* (citado por Delatte) se podía leer: «Conocerás tanto como te sea permitido [a ti, como mortal] que la naturaleza es en todos los detalles semejante a sí misma».

Un vínculo inexorable unía el mundo de los hombres con el mundo divino de los pitagóricos. ¿No se defendía acaso que los astros en los que estaban los dioses emitían en su trayectoria una muy singular música de las esferas, que el sabio había llegado incluso a percibir sutilmente mediante la ascesis interior? «Pitágoras situaba el *eu-daïmonie* del alma —o felicidad suprema— en la contemplación de los ritmos del Universo» (San Clemente de Alejandría, *Stromates*).

Además, el modo de expresión de las enseñanzas de los pitagóricos se centraba en el pensamiento simbólico. Alegorías y metáforas de todo tipo aparecían en sus discursos. De hecho, esto constituyó el tema de un estudio muy valorado de Androcyde, compuesto antes de nuestra era y titulado *Tratado de símbolos pitagóricos*.

Estos símbolos manifestados en unas ocasiones por un número, en otras por un signo gráfico, o incluso por una palabra o una frase musical, constituían la expresión más evidente de la analogía, o ley de analogía, que la ley de correspondencias daba como axioma. Platón retomó por su cuenta este tema de la armonía universal (lo cierto, lo hermoso, lo bueno) y lo desarrolló en *El Timeo*. Por otra parte, es más que probable que el mito de la caverna definido por Platón fuera en realidad una metáfora de origen puramente pitagórico. Proclo reconocería más tarde también que los pitagóricos usaron símbolos del mismo modo que los teólogos empleaban mitos.

Se accedía a la iniciación pitagórica propiamente dicha después de haber vivido un noviciado de tres años. Luego venía la instrucción en sí, que duraba cinco años, durante los cuales el futuro iniciado tenía que respetar el juramento del silencio más absoluto, relativo a su iniciación.

Tras la muerte de Pitágoras, después del violento incendio de Metaponte, del que se salvaron milagrosamente los discípulos Lisis y Filolao, la cofradía pitagórica intentó reconstituirse bajo la forma de pequeñas confraternidades extendidas localmente.

Cabe distinguir de entre los pitagóricos miembros de estas sociedades a los matemáticos y los acusmáticos. Los primeros, como su nombre indica, estaban particularmente impregnados por la ciencia de los números, cuyo carácter altamente místico ya no se puede demostrar aquí, si bien a menudo insistía más en el aspecto puramente científico. De hecho, esa era exactamente la opinión que tenían los acusmáticos, que se consideraban los más místicos de los pitagóricos, aunque no habían accedido más que a los primeros grados de la doctrina. Cabe alegar en su defensa que, poco a poco, los matemáticos, como Archytas de Tarento, aunque iniciados en el más alto grado de la metafísica pitagórica, cedieron ante el atractivo de ambiciones personales y temporales de tipo político y social, que los condujeron a desaparecer progresivamente de la escena. Sin embargo, los acusmáticos perduraron, aunque, por desgracia, bajo una forma de degeneración, cuyas reglas eran establecidas por un catecismo, que se apoyaba en rituales extraños de un dudoso valor teúrgico, expresando la decadencia de los ritos originales, y del cual se burlaron en sus obras, después de Aristóteles, algunos autores del teatro griego, como Alexis en *La Pitagórica*.

Habría que esperar a la aparición del neopitagorismo, en el siglo I antes de nuestra era, para ver resurgir de nuevo en el mundo alejandrino y romano los misterios pitagóricos. Según Jérôme Carcopino:

*En el siglo que marca el inicio de la era cristiana, el pitagorismo, desde todos los puntos del horizonte intelectual, quienes, ávidos de certeza, se ahogaban tanto en el vacío de los santuarios del Estado como en el torbellino de los átomos de Lucrecio [...] del año 60 a. de C. al 60 d. de C., todos [...] académicos, estoicos, peripatéticos, eclécticos [...], todos, más o menos, pitagorizaban.*

Citemos a los más célebres neopitagóricos, de varias épocas: Moderado de Gades y Nicómaco de Gerasa, pero también Sotion, Varrón, Nigidio Figulo y, sobre todo, Apolonio de Tiana, que algunos no dudan en calificar de «nuevo Pitágoras» por su gran notoriedad. Filostrato lo describió como un sabio, cosmopolita, que llevó a cabo numerosos viajes por la cuenca mediterránea y hasta la India. Al parecer entró en contacto con varios místicos de Oriente, según la leyenda, en santuarios habilitados en cavernas naturales y de quienes habría obtenido numerosos secretos que luego habría relatado en los textos que se le atribuyeron más tarde.

Si bien se sabe que, en el contexto del neopitagorismo, Flavius Josèphe se permitió, además, escribir, en sus *Antiquités Judaïques*, «Quienes llamamos esenios practican un tipo de vida conforme a las prácticas de Pitágoras», ignoramos tal vez que Isodoro Lévy sostiene la tesis de un paralelismo estrecho entre cristianismo y helenismo, más exactamente entre las parábolas evangélicas y el pitagorismo antiguo que acababa de recibir la renovación alejandrina de un sincretismo más que cierto. En cuanto a la ascesis de los pitagóricos, comparable a la de los esenios y los terapeutos del lago Mareotis, evocados por el historiador judío neopitagórico Filón, era perfectamente conforme a las reglas de pureza preconizadas por los primeros cristianos. La materialidad cedía el paso a una preocupación de espiritualidad creciente, en la que el alma humana, poco a poco, se desprendía del cuerpo, afirmando así su verdadera autonomía. Encontramos en esto una de las características esenciales que influyeron posteriormente en los diversos movimientos gnósticos.

Los principales preceptos morales del pitagorismo fueron señalados en los famosos *Versos áureos* de Pitágoras —o más bien atribuidos a su discípulo Lisis—, redactados muy tarde, hacia finales del siglo I d. de C. o en los siglos III-IV, y acompañados de valiosos comentarios. En su *Pythagore et la philosophie pythagoricienne*, E. Chaignet no dudó en escribir que este brillante comentario revela «una concepción de la vida moral cuya pureza y altura no son superadas por nada». En cuanto a la transmisión de las tradiciones pitagóricas en sí:

*Los discípulos que las transmitieron, incluso los que más tarde las fijaron mediante la escritura, debieron cambiar por la concepción original, debido a la organización de la Orden y a los principios de la secta. El respeto pío, la veneración simple por la palabra del Maestro, ha debido proteger, si no de toda alteración, al menos sí de toda alteración profunda, este depósito sagrado de verdades que todos consideran emanadas de la boca de un dios.*

Sin embargo, como reconoce Mario Meunier, en *Les «Vers d'or» de Pythagore*, Hierocles demostró un sincretismo que unía el conjunto de influencias que servían para introducir el neoplatonismo, además del neopitagorismo, en su comentario de los maravillosos *Versos áureos*, que constituyen una especie de catecismo, con el siguiente contenido:

*Honra en primer lugar a los primeros dioses inmortales en el orden en que les fue asignado por la Ley.*
*Respeta el Juramento. Honra luego a los Héroes glorificados.*
*Venera también a los Genios terrestres, cumpliendo con todos lo que está conforme a las leyes.*
*Honra también a tu padre y a tu madre, y a tus parientes cercanos.*
*De entre los demás hombres, hazte amigo de quien rebosa virtud.*
*Ten siempre unas palabras dulces y practica actividades saludables.*
*No llegues nunca, por una falta ligera, a odiar a tu amigo, si puedes; porque lo posible habita cerca de lo necesario.*
*Entérate de cómo son las cosas y acostúmbrate a dominarlas: primero, la gula, y luego el sueño, la lujuria y el arrebato.*
*No cometas nunca una acción de la que puedas avergonzarte, ni con otro, ni tú solo. Y, ante todo, respétate a ti mismo.*

*Practica además la justicia en acto y palabra.*

*No te acostumbres a comportarte en ninguna situación sin reflexionar.*

*Sin embargo, recuerda que todos los hombres están destinados a morir; y consigue aprender tanto a adquirir como a perder los bienes de la fortuna.*

*En lo referente a todos los males que deben sufrir los hombres por las augustas decisiones del Destino, acéptalos como la suerte que has merecido; sopórtalos con calma y no te irrites.*

*Te conviene ponerles remedio, en la medida de lo posible. Pero piensa bien lo siguiente: el Destino evita a las gentes de bien la mayor parte de dichos males.*

*Muchos discursos, viles o generosos, caen ante los hombres; no los recojas con admiración, ni te permitas desecharlos.*

*Sino que, cuando veas que alguien dice algo falso, sopórtalo con paciencia y calma.*

*En cuanto a lo que voy a decir, respétalo en cualquier circunstancia.*

*Que nunca nadie, ni por sus palabras ni por sus acciones, pueda inducirte a proferir o hacer algo que no te resultaría útil.*

*Piensa antes de actuar, para no hacer cosas insensatas, ya que lo propio de un infeliz es proferir o hacer algo insensato.*

*Por tanto, no hagas nunca nada que pueda entristecerte después.*

*No emprendas nunca lo que no conozcas; aprende todo lo que debes saber, y tendrás la vida más feliz que exista.*

*No olvides cuidar tu cuerpo; proporciónale con medida alimentos, bebida y ejercicio; llamo medida a lo que no te pueda incomodar.*

*Acostúmbrate a una existencia propia, simple; y evita hacer todo lo que atrae la envidia.*

*No hagas gastos inútiles, como quienes ignoran en qué consiste lo hermoso.*

*Tampoco seas avaro: la justa medida es excelente en todo.*

*No asumas jamás una tarea que pueda molestarte, y piensa antes de actuar.*

*No permitas que el dulce sueño se deslice entre tus ojos antes de repasar todas las acciones de la jornada.*

*¿En qué me he equivocado? ¿Qué he hecho? ¿Qué me he dejado que hubiera que hacer?*

*Empieza por la primera de todas para revisarlas. Y luego, si crees que has cometido errores, ríñete; pero si has actuado bien, alégrate.*

*Trabaja para poner todos estos preceptos en práctica; medítalos. Deberías amarlos, y te llevarán por la senda de la virtud divina; lo juro por el que trasmite a nuestra alma el sagrado Cuaternario, fuente de la Naturaleza cuyo curso es eterno. No obstante, no emprendas ninguna obra sin pedir a los Dioses que la concluyan.*

*Cuando estés familiarizado con todos estos preceptos, conocerás la constitución de los Dioses Inmortales y de los hombres mortales; sabrás hasta qué punto las cosas se separan y hasta qué punto se unen.*

*Asimismo, también sabrás, en la medida de la Justicia, que la Naturaleza es en todo parecida a sí misma, de manera que no esperarás nunca lo inesperable y así nada te volverá a ser ocultado.*

*Sabrás además que los hombres eligen ellos mismos y libremente sus males, por lo miserables que son; no saben ver ni oír más que los bienes que tienen cerca.*

*Son pocos los que han aprendido a liberarse de sus males. Esta es la suerte que altera los espíritus de los mortales. Como los cilindros, ruedan de un lado a otro, afectados por los infinitos males. Innata en ellos, en efecto, la aflictiva Discordia los acompaña y los alimenta sin que se den cuenta; no hay que provocarla, sino evitarla cediendo.*

*¡Oh, Zeus, nuestro padre, tú liberarías a todos los hombres de los numerosos males que los abruman si les mostraras de qué Genio se sirven!*

*Sin embargo, saca fuerzas, porque, como sabes, la raza de los hombres es divina, y la Naturaleza sagrada les revela abiertamente todas las cosas.*

*Tú, si ella te las descubre, conseguirás todo lo que he prescrito; cuando hayas curado tu alma, la liberarás de todos estos males.*

*Eso sí: abstente de los alimentos de que hemos hablado, aplicando tu juicio a todo lo que pueda servir para purificar y liberar tu alma. Reflexiona acerca de todo, tomando como guía la excelente Inteligencia de Arriba.*

*Y, si llegas, tras abandonar tu cuerpo, al libre éter, serás un dios inmortal, incorruptible y libre para siempre de la muerte.*

Esta deificación *(teosis)* del cuerpo luminoso (cuerpo de gloria) o reintegración en el seno de la divinidad constituye la apoteosis del pitagorismo, ya que «el fin supremo de la filosofía es llevar al hombre a parecerse a Dios» (Hierocles).

# ANEXOS

# La Enéada

La Enéada representa las emanaciones divinas procedentes de la Unidad original. Esta Enéada Sagrada, unida por vía emanantista a la divinidad primordial, sugiere el principio de unidad-enéada, tan fundamentalmente presente en el estudio comparado de las religiones antiguas. Encontramos rastro de ello primero a través de la cosmogonía egipcia, que sigue el modelo heliopolitano: el Caos original, el Nun, contiene el germen primordial. No diferenciado por definición, este caos se asocia al dios Atum, que reposa virtualmente en él. Atum, cansado de su inercia, decide surgir del caos en forma de brote de loto. A partir de ese momento, se convierte en Ra, que caracteriza la manifestación solar de Atum, el Dios supremo oculto. De esta divinidad primordial manifiesta nacerán ocho principios (*neter*) o deidades, agrupadas en parejas: Shu y Tefnut, que designarán respectivamente la atmósfera y la humedad; Geb y Nut, la Tierra y el Cielo; Osiris e Isis, la pareja luminosa; Set y Neftis, la pareja de las tinieblas. Por tanto, es posible que los textos sagrados proclamen «Atum divide su corazón en nueve partes...».

En la Grecia antigua, el principio de la Enéada también desempeñó un papel fundamental. Se puede percibir su presencia simbólica a través de la Hidra de Lerna, con la que tuvo que combatir Heracles en su segundo trabajo y cuya cabeza central era inmortal y, por tanto, origen de las otras ocho. Igualmente, encontramos la imagen de la Enéada en la égida de la diosa de la sabiduría: Atenea, bajo la forma de un octópodo o pulpo de ocho tentáculos que parten de la cabeza del animal; este se identificaba, por lo demás, con la cabeza de la Gorgona Medusa que el héroe Perseo cortó gracias a la ayuda de la diosa Atenea.

El término Enéada fue utilizado mucho más tarde, principalmente a finales del siglo III de nuestra era, por el neoplatónico Plotino, alumno durante once años de Amonio Sacas, fundador de la escuela más importante de Alejandría. Luego dejó esta ciudad para instalarse en Roma. Su discípulo directo, Porfirio, publicó sus obras y, principalmente, las *Enéadas*, bajo la forma de cincuenta y cuatro tratados reagrupados en seis novenas: la primera estaba dedicada al hombre; la segunda y la tercera, al mundo manifiesto; la cuarta, al alma; la quinta, a la inteligencia divina activa *(noûs)*, y la sexta, al principio de Unidad.

Del Uno, la Deidad absoluta, emana o se desborda (*Enéadas*, 12) el Espíritu o Inteligencia divina activa: el *noûs*, que es la fuente del ser, el Verbo, el *Logos* que hace de intermediario entre la divinidad indiferenciada y el mundo manifestado por mediación de la psique o el alma. Esta procesión desemboca en una conversación *(meanoïa)* porque, mientras que el *noûs* se vuelve hacia el Único con el fin de contemplarlo, el alma se vuelve hacia el *noûs* para admirarlo también. La psique, por tanto, hace de intermediaria entre el mundo manifiesto y el *noûs* —la materia que no es inmutable ni eterna en sí—, modelándose según la forma que el alma le confiere en este caso.

Así pues, el alma humana debe purificarse constantemente mediante una catarsis que le permita recuperar la libertad plena y completa para volverse hacia el mundo divino, en un éxtasis unitivo, que es a lo que se entregó Plotino, a juzgar por lo que apunta su discípulo Porfirio. Plotino, por tanto, se afirmaría como un místico activo, un partidario entusiasta de la evolución espiritual que permite la sublimación del alma sensible en alma razonable y puramente divina, emprendiendo de este modo la reintegración en el mundo de la Inteligencia pura (el *noûs*) para acabar alcanzando la divinidad, en la integración del conocimiento supremo. Este, no accesible a través de una simple actividad intelectual, no puede obtenerse más que por el éxtasis; primero, gracias a la contemplación de la inmanencia divina:

*Así él lo ve todo, no en el devenir, sino en el ser. Cualquier ser contiene en sí la totalidad del mundo inteligible y lo contempla también en su totalidad dentro de cada ser particular. Así cada uno está en todo y todo está en cada uno.*
(Enéadas, 5, 8)

Sin embargo, también gracias a la conciencia de la vida unitiva en Dios:

*A menudo, cuando me despierto del sueño de la vida corporal y llego a mí mismo, escapo al mundo exterior con el fin de reencontrarme conmigo mismo; contemplo una belleza maravillosa. Entonces creo firmemente que pertenezco a un mundo mejor. Una luz muy gloriosa actúa con fuerza en mí y me convierto en Uno con Dios.*
(Enéadas, 6)

# ACERCA DE LOS MISTERIOS DE ELEUSIS[156]

## CARACTERES DE ISIS

El epíteto de *karpophoros* o de *thesmophoros* es tan adecuado para Isis como para Deméter. No es más que esta, no es una diosa-Tierra (en Egipto, es un dios, Sibu), sino que tiene como reino la tierra fecundada por la inundación, la tierra negra del Delta, en el que se erguían los santuarios más famosos.[157] Ninguno de ellos, por desgracia, ha sido hallado o excavado, y para el conocimiento de su culto no disponemos de los monumentos y las inscripciones que poseemos para otras divinidades. Sin embargo, un himno de la XVIII dinastía establece de manera muy clara la naturaleza de la diosa. Es llamada «la creadora de la cosecha verde, que da la vida a los hombres, que presenta sus bienes a los dioses y sus ofrendas a los muertos», «la dama del pan», «la dama de la cerveza».[158] El texto es formal y no deja lugar a dudas acerca del carácter agrícola que los antiguos egipcios reconocían a Isis. Por tanto, se permitirá emplear con confianza testimonios más detallados de autores griegos, que han bebido de fuentes egipcias.

Diodoro, que estuvo un tiempo en Egipto, recogió en el primer libro lo que los egipcios de su tiempo contaban acerca de sus dioses y de su antigua civilización. Los egiptólogos coinciden en reconocer que el tratado de Plutarco *De Iside et Osiride* es un ensayo de exégesis helénica aplicado a materiales puramente egip-

---

156. Extraído de la obra de P. Foucard, *Les Mystères d'Éleusis*, ed. Paul Picard, París, 1914; reed. Pardès, 1992.
157. Maspero, *Étude de mythologie et d'archéologie égyptienne*, t. 2.
158. Brugsch, *Religion und Mythologie der alten Ægypter*. Véase en un himno de Dendera (Mariette, t. 5): «La que permite crecer al trigo con su luz de la mañana a la noche».

cios. Por último, cabe decir que dos himnos a Isis hallados en Grecia celebran las obras de la diosa. El más desarrollado es el de Andros, pero, si bien el fondo se ajusta a la doctrina egipcia, el traductor griego alteró, sin duda, la forma del original, ya fuese por necesidades de versificación, ya fuese por embellecer su trabajo; se trata de egipcio helenizado. El segundo, descubierto en la isla de Io, me parece de mayor valor, aunque sea de una época anterior (siglos II o III de nuestra era). Está escrito en prosa, seguramente por pretender reproducir de forma más exacta un original extranjero, y mi colega Maspero piensa, como yo, que se puede considerar una interpretación bastante fiel de un texto egipcio. Cabe destacar que varias de las aserciones incluidas en estos dos himnos se encuentran en la versión griega de una supuesta inscripción jeroglífica, en parte borrada, que aparece grabada en las tumbas de Isis y Osiris, de manera que los tres documentos parecen proceder de una misma fuente egipcia. Por tanto, puesto que encontramos detalles que coinciden al mismo tiempo en estos textos y en Diodoro y Plutarco, y puesto que, además, son conformes a los datos generales de los monumentos de la XVIII dinastía, podemos considerar que expresan fielmente las creencias egipcias.

Deméter había enseñado a los eleusinos el cultivo del trigo y de la cebada; antes que ella, Isis había descubierto las dos plantas que crecían por casualidad en estado silvestre, sin ningún beneficio para el ser humano; ella había sido la primera en mejorarlas mediante el cultivo, y no dejaba de velar por los campos cubiertos de plantaciones. Unos ritos, que Diodoro vio practicar aún en Egipto, recordaban la invención de la diosa; el día de la cosecha, cuando las primeras espigas habían sido cortadas, los trabajadores se detenían para invocar a Isis. En varios de sus templos, una procesión ofrecía cestas repletas de cebada y trigo, práctica semejante a la de las primicias e inspirada por el mismo motivo.

Ocurría lo mismo con los instrumentos aratorios, sobre todo el principal: el arado. Los sabios de la Antigüedad dudaban acerca del inventor. Algunos lo atribuyen, equivocadamente, a Triptolemo. Philostephanos, autor de *Sur les inventions,* reconocía con imparcialidad que el honor recaía en quien fue, durante su realeza terrestre, esposo de Isis e inseparable asociado de sus buenas acciones. Una inscripción de Dendera confirma la aserción del autor griego. Al igual que en Eleusis, la labranza ritual de la llanura Raria recordaba al primer cultivo realizado por orden de Deméter, en Egipto la fiesta anual de la Labranza conmemoraba la invención de Osiris. Ese día, dos vacas negras eran enganchadas a un arado, cuyo yugo era de madera de *am*, el cuerpo, de tamarisco, y el pedestal, de bronce negro. Detrás iba un hombre, acompañado de un niño que repartía las semillas en los surcos abiertos, mientras un oficiante recitaba las oraciones. Un terreno, conocido como Campo de Osiris, era dividido en tres secciones para recibir los diferentes granos; a un lado, la cebada; al otro, la escanda, y, en medio, el lino. La cosecha se hacía el vigésimo día de Tybi, en la fiesta de Set.[159] Una solemnidad así no tiene nada de sorprendente. Reemplazar el duro trabajo del almocafre primitivo por una máquina tirada por animales, criar a los bueyes y someterlos a la yunta no son un descubrimiento ordinario. China es, en mi opinión, el único país donde la invención del arado parece algo autóctono. Por tanto, si los atenienses lo usaron reconociendo que habían aprendido a emplearlo de una divinidad procedente del extranjero, ¿no sería que el arado, como los otros elementos de la agricultura, fue una importación egipcia?

Plutarco ha hablado de las leyes dictadas por Osiris; sin embargo, Diodoro las atribuye a Isis. En el himno grecoegipcio y el epitafio de Nysa, la diosa las reivindica para sí misma: «Soy yo quien ha establecido las leyes para los hombres y ha fijado reglas que nadie puede quebrantar». Sin embargo, los himnos insisten, sobre todo, en las leyes de la familia y el matrimonio: «Soy yo quien ha ordenado a los niños amar a sus padres; he fijado un castigo para quienes no aman a sus padres»; «Soy yo quien ha unido al hombre y la mujer»; «Soy yo quien ha obligado a los hombres a cuidar de sus esposas»; «Soy yo quien ha encontrado los contratos de matrimonio». También son sobre todo las mujeres quienes la honran: «Soy yo la diosa invocada por todas las mujeres».

Al igual que Deméter, Isis no había querido reservar sus buenas obras para un pueblo privilegiado; las destinaba a toda la humanidad. En acuerdo con ella, Osiris organizó las conquistas pacíficas que debían divulgar por todo Oriente y la cuenca oriental del Mediterráneo el conocimiento de la agricultura y la civili-

---

159. Mariette, *Dendera*.

zación. Los detalles abundantes que Diodoro reunió sobre esta campaña de Osiris fueron sacados, en su mayoría, de los libros sagrados de Egipto y de los anales de las dinastías divinas. Ante todo, es importante resaltar aquí su parecido con la misión filantrópica confiada a Triptolemo.

Señalemos un último rasgo común entre ambas diosas: su intervención en los casos de enfermedad. En este terreno, la acción de Isis era mucho más extensa: remedios revelados en sueños a los enfermos abandonados por los médicos, curas maravillosas a ciegos y enfermos, bebedizos de inmortalidad. La diosa, además del conocimiento de las plantas medicinales, disponía de recursos para su arte; según una leyenda egipcia que refleja al menos las creencias populares, sólo ella había podido aliviar los ardientes dolores de Ra, que había sido picado por un escorpión. El papel de Deméter era menos brillante. También intentó dar la inmortalidad al hijo de su huésped Celeeus, pero este es un caso aislado, y la diosa parece haberse limitado a dar a conocer las propiedades de los simples, como por ejemplo la adormidera. Sin embargo, tanto en el caso de una como de la otra, estos esfuerzos proceden del mismo sentimiento: la compasión por el sufrimiento de los humanos y el deseo de calmarlo.

Diosa de la agricultura y de la civilización, Isis era también la soberana del mundo al que iban los muertos. Este segundo carácter no derivaba del primero, sino que era una consecuencia de su unión con Osiris. «Los egipcios dicen que Deméter y Dioniso (Isis y Osiris) reinan en el mundo inferior».[160] El testimonio de Herodoto es ampliamente confirmado por los textos y los monumentos de Egipto. No obstante, ambos no ejercían el poder de la misma manera, y es necesario hacer la distinción entre el papel de uno y otro.

Osiris había sido el antepenúltimo rey de las dinastías divinas; estrechamente vinculado a Isis, su hermana y esposa, el dios había reinado, con forma humana, en el valle del Nilo, y había extendido la civilización a todo el mundo conocido por los egipcios. Cuando falleció, víctima de los engaños de Set, Isis, la gran maga, lo resucitó. Sin embargo, en virtud de una creencia instintiva, que encontramos también en muchos no civilizados, quien ha conocido la muerte no puede ocupar un lugar entre los vivos, aunque

160. Herodoto, II, 123.

se le haya devuelto la vida. Un nuevo reino, el de los muertos, fue asignado a Osiris, que absorbió gradualmente a todos los dioses de los muertos del Alto y el Bajo Egipto. Las islas del Yalu eran su morada. Los egipcios no podían decir exactamente dónde se hallaban estas islas, no más que los griegos las islas de los Bienaventurados, pero daban una descripción detallada en el *Libro de los Muertos*. Los muertos no llegaban al reino de Osiris como sombras vanas. Los textos insisten en la realidad de su nueva existencia. «No se van como muertos; se van como vivos». «Poseen su corazón, sus sentidos; poseen su boca, poseen sus pies, poseen sus brazos, poseen todos sus miembros».[161]

Osiris se encariñaba de sus huéspedes. Con el fin de aliviar las molestias debidas al cultivo de su reino, permitía al muerto hacerse reemplazar por asistentes. Pequeñas estatuillas, imágenes del difunto, eran depositadas en su tumba y animadas con una vida mágica; respondían, cuando el muerto era llamado para el trabajo, y lo realizaban. Además de las distribuciones de víveres que estaban hechas sobre las cosechas del dios, el muerto podía recibir todavía los alimentos, las telas, todas las cosas buenas que le enviaban sus familiares vivos; estas eran dirigidas en forma de ofrenda a Osiris, que le entregaba fielmente su parte. Por ello merecía el nombre de dios bueno, Ounnefer, que le daban los egipcios.

La existencia feliz en las islas del Yalu no era prometida a todo el mundo; era un privilegio obtenido por la intervención de Isis. La diosa compartía la soberanía de los muertos con Osiris, pero ella no se sentaba a su lado. Al no haber sufrido la muerte —a diferencia de él—, Isis no podía penetrar ni permanecer en las regiones del Oeste, de las que él era señor. Al quedarse sola en el mundo de los vivos, se dedicaba a engrandecer la gloria de su esposo, multiplicando sus templos y los honores que se le rendían. Con este fin y por bondad para con los miserables humanos, Isis prometía a los fieles la protección por parte de Osiris, les proporcionaba los medios seguros para llegar junto a él y gozar de una felicidad sin límites en su imperio. Este feliz destino quedaba asegurado por la iniciación que ella había enseñado: *Ego muèseïs*

---

161. *Textos de las Pirámides* y *Libro de los Muertos*, citados por A. D. Erman en *La Religion égyptienne*.

162. El himno de Io, 1, 26. La lectura completa de este pasaje significativo fue ofrecida por primera vez en *Inscriptions grecques insulaires*, t. 12, fasc. 5.

*anthropoïs ane deixa*.[162] Por tanto, sólo a la diosa se debe atribuir la fundación de la iniciación, por lo que es acertado llamar al conjunto de las ceremonias misterios de Isis.

En los textos egipcios conocidos hasta aquí no hemos encontrado término correspondiente a la palabra *misterios*, y algunos egiptólogos han llegado a la conclusión de que habría que negar su existencia. Esta conclusión me parece excesiva. Es conveniente recordar que no tenemos casi ningún monumento de los grandes santuarios del Bajo Egipto en los que se celebraban los misterios de Isis. Además, Herodoto, al que se le permitió presenciar una ceremonia celebrada durante la noche en el lago sagrado del templo de Sais, dijo formalmente que los egipcios la designaban con la palabra *misterios*, lo que implicaría que el intérprete le dio esta palabra como traducción de un término egipcio.[163] En todo caso, el autor tuvo la impresión de que el drama sagrado al que había asistido se parecía a los misterios de Grecia y lo designó de manera que diera una idea lo más acertada posible a sus compatriotas. Del mismo modo, los escritores griegos que hablaron de esta parte del culto de Isis emplearon esta misma expresión, o la de *teletè*, «iniciación», que es equivalente. Por tanto, podemos creer que si los egipcios no tenían en su lengua la palabra *misterios*, por lo menos contaban con el concepto.

Los egiptólogos no conocen tampoco ninguna expresión que corresponda directamente a *misto* o *iniciado*, pero tal vez existan equivalentes. Maspero me indicó como análogo una clase de privilegiados llamados *amakhu*. Este título (traducido por lo común por «devoto», «pío») puede darse a un personaje vivo o muerto; con frecuencia es determinado por una preposición que se puede traducir por «bajo» o «ante» y que marca una subordinación jerárquica. Por tanto, sería el fiel de Osiris, de Amón-Ra o de otra divinidad. Esta condición de *amakhu* era necesaria para obtener del dios soberano los favores de que disponía. Quien quisiera ganarse la protección de Osiris y gozar de un destino privilegiado tenía que vincularse a su culto, seguir su doctrina, asistir a sus fiestas, dejarse embalsamar como él había hecho. También se podría considerar como designadora de una clase análoga a la de los iniciados griegos la palabra *makhrau*, el «justo de voz». Este

163. Herodoto, II, 171.

título de honor reaparece con frecuencia en las inscripciones religiosas, tanto aplicado a un sacerdote como a un difunto. Es el que conoce las fórmulas mágicas a las que los dioses obedecen y que es capaz de modularlas con la melopea sacramental que asegura su eficacia. Los títulos *amakhu* y *makhrau* quizá no sean un equivalente completo de «iniciados», pero indican relaciones con la divinidad más estrechas que las de otros hombres y, como consecuencia, la posesión de una suerte privilegiada en este mundo y en el otro. Así es la condición de los mistos.

¿En qué consistía la iniciación? Nos es presentada sólo gracias a los testimonios de autores griegos. Diodoro y Plutarco afirman que la diosa, creando fiestas destinadas a los iniciados, introdujo la representación de sus sufrimientos y de sus luchas.[164] Herodoto había asistido a uno de esos dramas sagrados, desarrollado en el lago del templo de Sais con el tema de las desgracias de Osiris, pero, aunque conoció todos los detalles, se declaró en la obligación de guardar el secreto. Más preciso es el testimonio de San Hipólito: en la escena capital de los misterios, que estaba prohibido revelar a los no iniciados, Isis, vestida de luto, buscaba los miembros de su esposo y, en particular, el que los asesinos habían arrojado al Nilo.[165] Una inscripción de Gallípoli ha conservado el recuerdo de este episodio: es una dedicatoria grabada por los miembros de una asociación isiaca que habían participado en esta pesca en el Nilaeum, estanque en el que se había vertido un poco de agua del Nilo.[166] Se sabe, por lo demás, que la búsqueda y la invención del cuerpo de Osiris constituían la ceremonia principal de todas las comunidades que divulgaron el culto de Isis en el mundo grecorromano.

No es muy probable que bastara con asistir a estos dramas sagrados para ganarse el título de iniciado. Sin duda, se imponía a los candidatos una preparación, una regla de vida, así como una devoción especial a Osiris. Sin embargo, nuestros conocimientos son muy limitados en este punto: a lo sumo, hemos recogido algunos detalles sobre la manera de vestir de estos isiacos, como los zapatos de papiro, la cabeza rapada y, sobre todo, la ropa de lino.

Los misterios de Isis evocan en los modernos la idea de pruebas complicadas y temibles, por las que habría pasado el candi-

---

164. Plutarco, *De Iside*, 27, 1. Citado en Diodoro, 1, 20.
165. Hipólito, V, 7.
166. *Bulletin de correspondance hellénique*, 1877.

dato durante la iniciación. Todas estas suposiciones derivan de la narración de Apuleyo, en particular de la famosa frase *Accessi confinium mortis et calcato Proserpinae limine vectus per omnia elementa remeavi. Nocte media vidi solem candido coruscantem lumine. Deos inferos et deos superos accessi coram et adoravi de proximo.*[167] Sería difícil discriminar en este libro lo real de lo imaginado por el autor, lo que procede de las antiguas prácticas egipcias de las innovaciones de las cofradías isiacas de la época grecorromana. Además, quien realiza las pruebas no es un iniciado común: estaba destinado a los grados más elevados del sacerdocio. Lo que sí es cierto es que no se cita nada de estas supuestas pruebas ni en los monumentos egipcios ni en los textos griegos.

En cambio, abundan los documentos egipcios que nos muestran la protección de Isis extendiéndose sobre el iniciado en el momento de su funeral y durante su viaje hacia el otro mundo. El difunto es embalsamado y vestido, como Osiris lo había sido por parte de Isis, ayudado por Tot y Horus. Las bandas son dispuestas también alrededor de la momia, con marcas de figuras mágicas o de fórmulas protectoras; todas las partes del cuerpo reciben sus amuletos. A semejanza de Osiris, el difunto pasa por lo mismo: los *Textos de las Pirámides* lo constatan mediante afirmaciones reiteradas:

> *Al igual que vive Osiris, así vivirá él [el muerto]; al igual que Osiris no ha sido eliminado, tampoco él será eliminado.*[168] *Los dioses amigos —Isis, la primera— se acercan a él, como en el pasado se acercaron a Osiris; al igual que hicieron con el dios, reúnen los huesos del difunto, reúnen sus miembros, colocan el corazón en su cuerpo y le dicen: «Tú, el primero de los vivos, tienes tu alma, tú, el reanimado. Levántate, ponte en pie. Ven, oh, dios, oh, dios, ven, oh, tú, el poseedor del trono de Osiris. Isis te habla y Neftis te saluda».*

El resultado de todas estas operaciones se resume en la fórmula, tan conocida, «Osiris fulano»; el muerto conserva su nombre y su personalidad, al tiempo que posee el estado glorioso del dios con el que se identifica.

---

167. De Jong, en *De appulse isiacorum mysteriorum teste* (Leyde, 1900), dedicó a este difícil pasaje un estudio muy completo.
168. Véase Erman, *La Religion égyptienne*.

Todavía no ha llegado el momento de que Isis lo abandone. Ella y su hermana Neftis, la gran plañidera y la pequeña plañidera, lo acompañan en la barca funeraria, que lo transporta a Abydos. En ocasiones, aparecen arrodilladas, a la cabecera de la momia, llorando y lamentándose, y con la mano a la altura de la frente; en otras, se las ve de pie, con los brazos extendidos, protegiendo a la momia y pronunciando encantamientos que alejan los malos espíritus.

Entre los numerosos amuletos que protegían a la persona y los miembros del muerto, uno de los más poderosos era el nudo o el lazo de Isis, colocado en el cuello de la momia. Se podía fabricar de oro, o de tierra esmaltada en madera de sicomoro dorado; pero estos materiales eran equivalentes al que se había empleado en su origen y que poseía la propiedad más fuerte: la cornalina, piedra de tono rojo, cuyo color recordaba a la sangre de la diosa. Lo mejor sería citar el propio texto de los papiros del Louvre.[169]

> *Capítulo del lazo de cornalina situada en el cuello del difunto. La sangre de Isis, los conjuros de Isis, las virtudes de Isis son amuletos que protegen al dios inmóvil [el difunto] y eliminan lo que le aterroriza. Este capítulo se pronuncia sobre un lazo de cornalina...*
>
> *Si cumplimos esta prescripción, es un servidor de Osiris, el Justo de voz, y las puertas de Nuter-Kent se le abren; ya que es una virtud de Isis que protege, y Horus, hijo de Isis, se alegra al verlo.*

Una variante apunta, además:

> *Si el difunto sigue esta prescripción, es un servidor de Osiris, el Justo de voz; las puertas de la región infernal se le abren; se le concede un campo sembrado de trigo y cebada en los campos del Yalu. «Es como los dioses que están allí», afirman los sirvientes de Horus que cosechan.*

Isis, por tanto, ha sido, junto con Osiris, la soberana del mundo de abajo —como manifiesta Herodoto—, pero sin bajar hasta él. La iniciación que ella ha enseñado a los vivos, la asisten-

---

169. Noticias y extractos de los manuscritos, t. 24; véase Wiedemann, «Die Amulette», en *Die alte Orient*, 1910.

cia que presta al difunto para instruirlo y equiparlo en su viaje al reino de Osiris, su amuleto de *ta* que le garantiza en los campos del Yalu una suerte privilegiada, todos estos rasgos subrayan su carácter de divinidad benefactora y protectora de los muertos.

Solos, gracias al amparo de Isis, los muertos osiríacos eran recibidos en los campos del Yalu y compartían la felicidad de Osiris. «Las ideas de mérito y desmérito, apunta Maspero, no tenían incidencia en la admisión de las almas a esta estancia: el privilegio del nacimiento y el favor divino ganado mediante las ofrendas y las fórmulas místicas eran el único título para la felicidad».[170] Esta opinión entra en contradicción aparente con la existencia de un juicio del alma en la sala de la Verdad y el célebre capítulo CXXV del *Libro de los Muertos*, conocido con el nombre de «Confesión negativa». En primer lugar, hay que señalar que esta idea del juicio es relativamente reciente. Estos últimos años se han descubierto más de doscientos sarcófagos del Imperio Medio que han permitido conocer una gran cantidad de capítulos nuevos; el capítulo CXXV no figura en ninguno de estos sarcófagos. Por tanto, parece casi seguro que la idea de la confesión negativa no es anterior al Imperio Nuevo y que fue introducida bajo la influencia del sacerdocio tebano.[171] Además, si tenemos en cuenta el modo del juicio, no parece que el muerto tuviera que preocuparse demasiado si había tenido la precaución de aprender los modos de escapar a él. Y el *Libro de los Muertos* los ponía a su disposición. El difunto que se presentaba ante Osiris y los cuarenta y dos jueces anunciaba lo siguiente:

> *He venido hasta ti, oh, mi Señor, para contemplar tu belleza. Te conozco, y sé el nombre de los cuarenta y dos dioses que están contigo en la sala de la Verdad y que viven allí con quienes han pecado.*

Luego, llamando a cada uno de los dioses por su nombre, declaraba no haber cometido el pecado por el que este tenía el encargo especial de castigarlo. Nada de interrogatorios ni de pruebas; la denegación, recitada según la fórmula del *Libro de los Muertos*, era considerada válida sin control. El difunto corría aún

---

170. Maspero, *op. cit.*
171. G. Foucart, *Histoire des religions et méthode comparaive*, t. 2.

otro riesgo: que su corazón (es decir, su conciencia) atestiguara contra él. El embalsamamiento osiríaco había precavido de este peligro. Uno de los amuletos, llamado «escarabajo del corazón», colocado en el pecho de la momia, iba acompañado de una fórmula que obligaba al corazón al silencio:

*Oh, corazón mío, que procedes de mi madre; corazón de cuando yo estaba en la tierra, no te yergas sobre mí como testigo, no te opongas a mí en el juicio, ni riñas conmigo en presencia del gran dios, señor del Hades, ni frente al guardián de la balanza.*

Gracias a esta fórmula, el corazón situado en la balanza estaba obligado a declarar ante los jueces del difunto las virtudes de este y el bien que había hecho aquí, así como a ocultar sus vicios y fechorías.[172] Este juicio, que no es un examen serio de la vida del muerto, procede, en mi opinión, de un recuerdo mitológico y de la preocupación por completar la similitud del difunto con Osiris. Después de su muerte, Osiris había sido citado por Set ante el tribunal de los dioses que reinaban en Heliópolis, y estos le habían dado la razón. Al igual que el dios con el que había sido identificado, el difunto tenía que pasar por un juicio y, como él, debía ser justificado.

En resumen, como apunta Maspero, la suerte del muerto osiríaco no dependía de los méritos o desméritos de su vida: con la iniciación, facilitada por Isis, gozaría de la certeza de la salud y de una vida feliz; sin ella, tendría sufrimientos de todo tipo, así como la eliminación final.

Este segundo carácter de Isis se encuentra también en la Deméter eleusina. Veamos los rasgos esenciales de similitud entre ambas diosas.

Deméter, como Isis, no baja hasta el mundo inferior ni se sienta junto al dios de los Infiernos. Sin embargo, también es la soberana y protectora de los muertos. Ella abre a sus fieles el acceso a las regiones subterráneas, los instruye y los defiende contra los peligros del viaje, y les garantiza una nueva vida bienaventurada.

Este privilegio se debe a la iniciación, que es la condición indispensable para él. Como la diosa egipcia, fue la propia Demé-

---

172. Maspero, *Guide au musée du Caire*, 1912.

ter quien reveló los ritos. Los mortales no habrían podido descubrirlos por sí solos; eran un don que la diosa otorgaba de manera espontánea a los habitantes de Eleusis, en recompensa por su buena acogida y por el templo que le habían construido. Tras una instrucción y una preparación previas, cumplían los actos rituales que les vinculaban a Deméter y que, a cambio, les garantizaba la protección de esta. Entonces eran admitidos al conocimiento de los secretos divinos que se ocultaban a los profanos, eran instruidos acerca del futuro que se les reservaba mediante el espectáculo del *telesterion* o las palabras del hierofante, que contemplaba los objetos sagrados más misteriosos del culto. Se acercaban a las divinidades que reinaban en el otro mundo participando en dramas litúrgicos, en los que, tanto en Eleusis como en Egipto, se reproducían los episodios de la historia divina.

En ambas religiones, y esto es el punto capital, el objetivo y el resultado final de la iniciación son idénticos. Hemos visto que Isis garantizaba a sus fieles una vida real y bienaventurada junto a Osiris en las islas del Yalu; la diosa no se ocupaba de quienes habían olvidado situarse bajo su protección, sino de ver qué peligros acechaban a los difuntos: las ansias del hambre y la sed; los inflexibles guardianes de las puertas que debían cruzar; los genios y los monstruos que cerraban el paso; los lagos de agua hirviendo, y las hogueras que debían cruzar. Resulta demasiado evidente que quienes no han tenido la precaución de equiparse y de instruirse mediante la iniciación no escapan a la aniquilación total. Ocurre lo mismo en los misterios de Eleusis. Los autores griegos que han hablado de ellos son unánimes en este punto: un destino lamentable espera a los no iniciados, que caerán en el cenagal y serán sometidos a sufrimientos sin fin. Por el contrario, los iniciados gozarán de una felicidad eterna en la isla de los Bienaventurados. Los griegos, igual que los egipcios, no han podido imaginar esta vida nueva más que como una continuación de la vida presente, pero en condiciones superiores: los males de los que nadie puede librarse en la Tierra habrán desaparecido; los bienes que son motivo de alegría de la existencia en este mundo les serán otorgados sin medida ni límite.

Por otro lado, además, la concepción es la misma en los misterios de Eleusis y en los de Isis; la suerte del hombre en la otra vida no depende de sus méritos ni desméritos; no hay buenos y malos, sino iniciados y no iniciados. Estos sufrirán los espantosos males que la muerte reserva para el hombre, porque no habrán hecho nada para evitarlos; los otros habrán aprovechado la benevolencia de las divinidades que tienen la soberanía del otro mundo, habrán utilizado los medios que les ofrecen para escapar a esta funesta suerte. Una vez cumplidos los ritos prescritos, el iniciado está en posesión de un privilegio que nada puede arrebatarle. Esta concepción nos escandaliza, pero para los antiguos era la consecuencia lógica de la idea que tenían de la iniciación. En la Antigüedad no levantó más que una protesta aislada, la del cínico Diógenes, y probablemente se inspirara menos en el sentimiento de justicia que en el deseo de contradecir la opinión de sus contemporáneos.

Cabe hacer una última pero también importante observación. El segundo carácter de Deméter, señora del destino de los muertos, es un préstamo de la religión de Isis, y no una consecuencia del primer carácter de diosa del suelo fértil en el que germina la vegetación. Esta última idea, o más bien esta impresión, tiene, sin embargo, numerosos partidarios. Las siguientes líneas de Henri Weil resumen y exponen claramente lo que puede decirse a favor de la opinión de estos:

> *Existe un vínculo entre estos dos caracteres de Deméter, vínculo que, aun no siendo lógico, es cuando menos natural. La tierra alimenta a todos los seres; según las ideas de los antiguos, todo lo que vive sale de la tierra y todo lo que vive regresa a ella; es la tierra nodriza; también es la tumba de los hombres. Por tanto, es bastante natural que las divinidades ctónicas, que reinaban sobre la agricultura, lo hicieran también sobre los muertos, y que los vivos intentaran ganarse su favor en vistas al tiempo que tendrían que pasar junto a ellas.*[173]

Si era así, si el papel místico de Deméter fue, en Eleusis, la consecuencia natural y una especie de complemento de su función agrícola, la misma evolución habría tenido que producirse, en cierto modo, en los demás santuarios de la diosa, al menos en algunos. Sin embargo, no tuvo lugar en los templos de las Cícladas jónicas ni en las colonias de Asia Menor, fundadas por los atenienses. En estos templos hay muchos objetos sagrados guardados rigurosamente en secreto, misterios, una iniciación..., pero

---

173. *Journal des savants*, 1895.

son las mismas cosas cuya existencia ha sido constatada en las Tesmoforias de Ática, que representaban el culto más antiguo de Deméter. Las ceremonias no son accesibles más que para las mujeres de la ciudad, y la dirección se confía a una sacerdotisa; tienen como objetivo obtener de la diosa la fecundidad de la tierra cultivada y de la raza humana. En ningún sitio se ha llegado más allá de este estadio, salvo en Eleusis. Allí sólo aparecen nuevos misterios, una iniciación nueva abierta a los dos sexos, de cualquier edad y cualquier condición; una organización diferente, confiada al hierofante, al *dadouque* y a otros ministros de género masculino. Ya no se trata únicamente de la agricultura, sino del destino del ser humano tras la muerte y de las garantías que la diosa conceda a quienes han cumplido con los ritos de la iniciación. Un cambio tan grande, limitado en exclusiva al santuario de Eleusis, no puede explicarse más que si hubo ocurrido en esta ciudad un hecho extraordinario; este hecho fue la introducción en el antiguo culto de Deméter de creencias y ritos nuevos, debida a la llegada de extranjeros o de griegos que los hubieran traído del extranjero.

Hubo quien quiso hacer honor a este progreso en los primeros esfuerzos del pensamiento filosófico; sin embargo, los filósofos del siglo VI se ocuparon menos del ser humano que de la naturaleza, y quienes vinieron después no ejercieron ninguna influencia en las creencias populares o en la religión de la ciudad. Otros supusieron que «la gran fermentación religiosa de los siglos VII y VI actuó también sobre Eleusis, y modificó y transformó su culto y sus creencias».[174] Esta fermentación, si existió realmente, lejos de ser la causa fue en realidad el resultado de las novedades introducidas en Eleusis, como también de las doctrinas órficas que se derivan, en gran parte, de la misma fuente; añadamos, si se quiere, los ritos de purificación que el cretense Epiménides dio a conocer a los atenienses. Todo ello procede del extranjero, no de Grecia. Esta se había quedado en las concepciones de los poemas homéricos. La vigorosa protesta de Jenófanes contra los vicios y las bajezas que Homero prestaba a sus dioses, así como el testimonio de Herodoto, demuestran que las ideas del poeta sobre el mundo de los dioses eran todavía señoras de los espíritus y que sus pinturas estaban presentes en todas las imaginaciones. Echemos un vistazo, por tanto, al escenario

174. *Ídem.*

que describió Homero de la existencia después de la muerte y de los misterios.

El rey de los Infiernos, Hades, es un dios aborrecible, arisco, insensible a las plegarias. Junto a él reina Perséfone, no menos seria y temible; Altea la invoca contra su hijo Meleagro; la Gorgona y las Erinias la obedecen. Su bosque sagrado es lúgubre: en él no hay más que álamos negros, sauces estériles y pálidos gamones. Los dos esposos odian la luz y a los vivos. En su imperio, las sombras llevan una vida apagada, sin alegría, reanimada apenas unos instantes con la sangre de una víctima, destino lamentable al que no escapan ni el valiente Aquiles ni el rey de reyes, Agamenón.

Muy diferente es el destino prometido a los iniciados de Eleusis. Poetas y prosistas lo han dibujado con los colores más alegres. Los peligros del camino no tienen ya nada que les horrorice. Al igual que Isis había hecho por los suyos, Deméter los ha instruido y los cubre con su manto protector. Gracias a la iniciación, pueden contar con una acogida favorable por parte de los nuevos señores del mundo inferior, Plutón y Coré, divinidades benefactoras y dulces, que han reemplazado a los despiadados tiranos del infierno homérico. No son sólo nombres, son dioses diferentes a Hades y Perséfone. Es una nueva religión. Y ¿de dónde puede venir, si no del único país que atribuye la soberanía del mundo inferior a una pareja de dioses buenos, el único que asegura a los fieles a Isis y Osiris una vida real, más feliz y más duradera que la terrestre?

Después de Deméter, parecería natural esbozar la imagen de las divinidades que se reúnen a su alrededor. No vamos a mostrar todas las que reciben culto en Eleusis, pero sí las que se asocian a Deméter, considerada la diosa de la agricultura o la diosa de los misterios.

# El Dios y la Diosa

La aparición de esta pareja anónima fue una de las grandes sorpresas que nos aportaron las excavaciones realizadas en el santuario por la Sociedad Arqueológica de Atenas.

El Dios y la Diosa son inseparables, siempre citados o representados juntos en los monumentos descubiertos hasta hoy. Su templo no ha sido hallado; tal vez no poseían nada que les perteneciera realmente. Sin embargo, conservaron hasta finales del imperio a un sacerdote especial. Eubuleus fue agrupado con ellos, desde el siglo V hasta el I a. de C; desapareció en la época imperial. Probablemente se les uniera porque no tenía bastante importancia como para que se le atribuyera un sacerdocio particular y porque, aun así, parecía necesario dejar un lugar a los honores del culto; se encargaron al sacerdote de los dioses, que parecía tener mayor afinidad.

Ningún autor de la Antigüedad habla del Dios y la Diosa. Los monumentos y las inscripciones reemplazan en parte este absoluto silencio.

La pareja era distinta a Deméter y Coré, como se observa en un bajorrelieve del siglo IV. En un edículo aparece representada la conocida escena del banquete ofrecido a las divinidades; sin embargo, por una disposición bastante particular, está dividida en dos partes, y las divinidades forman dos grupos diferentes. En la parte de la izquierda, un pequeño servidor que sale de un cráter es un simple accesorio; una mesa de cuatro pies se yergue ante dos diosas sentadas; una sostiene en su mano derecha un cetro, la otra coge una doble antorcha con su mano izquierda. Se trata de Deméter y Coré, sin ninguna duda. La escena de la parte derecha también es un banquete sagrado. Una diosa aparece sentada delante de la mesa cuadrada, cargada de comida; sobre un lecho se ve a un dios semirrecostado, con barba y cabellera abundantes, apoyado sobre su codo izquierdo y con un ritón en la mano derecha. El primer editor creyó que el monumento representaba las dos fases de la vida de Coré, su estancia en los Infiernos con su esposo y su regreso junto a su madre —lo cual habría sido lo más natural—. El escultor quizás había previsto la posibilidad de esta interpretación y, para evitar cualquier confusión, había grabado justo encima de la diosa y del dios *théaï* y *théoï*. Para las dos diosas de la izquierda no era necesaria ninguna designación, ya que se reconocen por sus atributos: el cetro y la doble antorcha.

La distinción de los dos grupos, al mismo tiempo que su asociación, aparece aún más netamente en otro bajorrelieve hallado, como el anterior, en las ruinas de Plutonion. Este, de dimensiones mucho más considerables (1,80 m de altura por 3 m de anchura), quedó fragmentado en una gran cantidad de trozos. Heberdey y Reichel, tras llevar a cabo un esmerado estudio, reconocieron y situaron más de sesenta fragmentos, pero todavía faltan muchos. No obstante, por muy incompleta que sea la restauración, es suficiente para reconocer el tema y los principales personajes; sus nombres, por fortuna, habían sido grabados y se conservan en la mayoría de ellos.

La dedicatoria establece la fecha y la intención del donante. A pesar de haber una laguna al final de la primera línea y al inicio de la segunda, cuya recuperación es incierta, la traducción siguiente otorga un sentido prácticamente certero a la parte importante:

> *Lacrateides, hijo de Sostratos, del demo de Icaria, sacerdote del Dios y de la Diosa y de Eubuleus... para sí mismo, para sus hijos Sostratos y Dionisios, para su esposa, hija de Dionisios, del demo de [...], ha dedicado esta ofrenda como testimonio de reconocimiento a Deméter y a Coré, al Dios y a la Diosa y a Eubuleus.*

Tal vez hubiera una cuarta línea más corta que las anteriores, pero ha desaparecido. Podríamos sentirnos tentados a interpretarla como «y a Plutón», porque el dios figura con su nombre en el bajorrelieve. Yo tendría mis dudas, puesto que Plutón suele estar cerca de las dos diosas, y también porque no aparece nombrado en la ordenación de las primicias, de las que hablaremos algo más adelante. El sacerdote donador es Lacrateides, que fue tesmóteta en el año 9;[175] el mayor de los dos hijos, Sostratos, recibió, según era costumbre, el nombre de su abuelo materno; ambos aparecen nombrados en las incripciones de principios del siglo I a. de C.[176] Lacrateides es autor de la consagración y, en este sentido, es el único personaje humano con un espacio reservado en el bajorrelieve. ¿Era acaso descendiente del hierofante Lacrateides, en el cargo a mediados del siglo IV? Para decidirlo, habría que conocer al menos la demótica del hierofante y algunos de los intermediarios durante las siete u ocho generaciones que los separan.

Las divinidades representadas en este monumento se dividen en dos grupos más o menos simétricos, dispuestos a ambos lados del motivo central. A la izquierda del espectador, el espacio principal lo ocupa Deméter, sentada, con un cetro en la mano izquierda; el brazo derecho, fracturado por debajo del codo, debió de estar dirigido hacia Triptolemo. Tras ella, un personaje secundario y de reducido tamaño, con espigas, que no ha sido identificado; tal vez se trate de Pluto. Coré, de pie y con una antorcha encendida en la mano, está vuelta hacia su madre. *Plutón*,[177] con un cetro, mira hacia donde está Deméter. En el otro grupo encontramos, en primer lugar, a la Diosa de pie, luego al Dios, sentado en un trono y mirando hacia Deméter. Detrás, en relieve muy bajo y en el plano posterior, el donador, *Lacrateides*. Muy cerca del dios, un joven, portador de una antorcha, no puede ser otro que Eubuleus. En el centro y hacia abajo, aparece el héroe favorito de Deméter, *Triptolemo*: sentado sobre un carro tirado por serpientes, recibe de la diosa las espigas que tiene que distribuir entre los hombres. Así pues, el tema está claro: es la partida de Triptolemo, a la que asisten las divinidades protectoras de la agricultura, agrupadas en dos tríadas: Deméter-Coré-Plutón y el Dios-la Diosa-Eubuleus.

El ordenamiento de las primicias, que es anterior a la guerra del Peloponeso, muestra que en el siglo V este último grupo mantenía un estrecho vínculo con las dos diosas y que tenía una parte menos importante, ciertamente, en las víctimas que la ciudad ofrecía en esta circunstancia. «Sobre el producto de la cebada y del trigo, se hará a cada una de las dos diosas un sacrificio de tres

---

175. *Corpus insc. attic.*, t. 2, 985.
176. *Ídem.*
177. Los nombres en cursiva son los que aparecen grabados en el bajorrelieve.

animales, con los cuernos dorados, el primero de los cuales será un buey; a Triptolemo, al Dios y a la Diosa, y a Eubuleus, una oveja para cada uno; a Atenea, un buey con cuernos dorados». Atenea aparece aquí como diosa protectora del pueblo ateniense, que consagraba las primicias; las demás divinidades o héroes pertenecen al ciclo de Eleusis y reciben un sacrificio como para conceder a los atenienses buenas y abundantes cosechas.

Una ley ateniense del año 352, sobre la ofrenda de primicias, ordena sacrificar a las mismas divinidades, cuyos nombres se conservan en parte, y en parte son interpretados con certeza; era un honor regularmente ofrecido al Dios y a la Diosa. Los dos bajorrelieves citados más arriba atestiguan la existencia de su culto hasta el siglo I a. de C. Persistió bajo el Imperio. Una inscripción del tiempo de Adriano menciona a su sacerdote. Bajo los Severos, este figura en un catálogo de los ministros de Eleusis que tenían derecho a una parte de las víctimas en un sacrificio instituido por una fundación pía. Por tanto, la duración que atestiguan los monumentos es de seis siglos.

¿En qué momento la pareja del Dios y de la Diosa fue introducida en Eleusis y podemos saber o al menos conjeturar acerca de su naturaleza? El anonimato es el indicio de una antigüedad remota; no es una prueba indiscutible de ella. Farnell, autor de un libro reciente sobre los cultos de los Estados griegos, opina que este culto fue el producto de un desarrollo posterior; sin embargo, ha olvidado indicar cuál habría podido ser este desarrollo.[178] Cuando un nuevo personaje divino aparecía en un culto griego, era para responder a tendencias que no satisfacían a las divinidades antiguas; era una de sus atribuciones, que adquiría tal importancia que parecía necesaria una personalidad especial para cumplirla. Comprendemos, por ejemplo, el nacimiento de Yaco, que personifica la gran procesión de Eleusis y se convierte en su genio conductor; Coré ha podido desapegarse de Deméter, para expresar mejor el carácter maternal y fecundo de la diosa. Sin embargo, ¿a qué responde la concepción de la pareja del Dios y de la Diosa, si es posterior a la existencia de Deméter y Coré? Estas, como hemos visto, velaban como protectoras de todos los momentos de la vida agrícola. ¿Para qué serviría la nueva pareja? Carecemos de nociones precisas sobre su papel; únicamente he-

---

178. Farnell, *Cult of the Greek States*, t. 2.

mos podido reconocer que tenía algo que ver, de manera vaga, con la agricultura. En la leyenda, ambos miembros estaban presentes en la partida de Triptolemo, pero no eran los que le entregaban las espigas de trigo ni le encargaban su misión civilizadora. En la actualidad, se cree que contribuían en cierto modo a la prosperidad de las cosechas y que la ciudad les daba las gracias con un sacrificio; sin embargo, no podríamos citar ninguna fiesta ni ceremonia en la que sean invocados de manera particular, en el momento de la labranza o de la siembra, en el primer brote de trigo o en la formación de la espiga, antes o después de la cosecha... Los fieles siempre recurren a Deméter y Coré en este tipo de situaciones. Por tanto, opino que el orden más natural es el inverso al sugerido por Farnell. El Dios y la Diosa fueron la pareja primitiva de Eleusis, pareja protectora, tal vez inventora de la agricultura.[179] Sin desaparecer por completo, cedieron el primer puesto a Deméter y Coré. No hubo combate entre dioses, como se había dicho, ni victoria de un culto sobre otro, sino más bien dos formas sucesivas de un mismo culto, el de las divinidades de la agricultura. En las inscripciones y los monumentos, el antiguo y el nuevo grupo se asocian amistosamente. El Dios y la Diosa presentan más bien una fisonomía antigua, la de dos seres que habían tenido sus días de gloria y que ahora envejecían, rodeados de atenciones y veneración, pero dejando el poder real a una generación más joven.

El anonimato de esta pareja divina ha sido objeto de conjeturas diversas. Usener veía en ellos una supervivencia de una era prehistórica en la que los dioses no tenían aún historia ni personalidad. Herodoto, ciertamente —y es la autoridad que se alega—, apunta, a partir de lo que habían narrado los sacerdotes de Dodona, que los pelasgos oraron durante mucho tiempo a los dioses sin darles nombre ni epíteto; que, más tarde, instruidos por los egipcios, consultaron el oráculo y, para su respuesta, emplearon nombres enseñados por los extranjeros y los mostraron a los helenos.[180] No obstante, esta tradición, aunque era aceptable, demostraría como mucho que los pelasgos conocían y empleaban ya los nombres de sus dioses cuando llegaron las tribus helénicas.

---

179. Podemos observar, sin identificarla, a otra pareja divina, protectora de la Agricultura, Zeus Ctonios y Deméter. Hesiodo invita al labrador a que dirija a esta pareja sus deseos en el momento de la siembra, y en el calendario de Miconos. Michel, Recueil, 714.

180. Herodoto, II, 52.

Farnell se inclina a creer que se habla de Dios y Diosa para evitar el peligro que tendría el hecho de pronunciar sus verdaderos nombres fuera de las ceremonias secretas, y cita ejemplos muy conocidos de eufemismos empleados para evitar nombrar a las divinidades de los Infiernos.[181] Este uso no es tan antiguo como se cree. En los poemas homéricos, los dioses de la Hélade son designados por sus nombres o por epítetos que recuerdan uno de sus atributos o las ciudades de las que son señores, no sólo Zeus, Atenea o Apolo, sino también Hades, Perséfone o las Erinias. El anonimato del Dios y de la Diosa es una excepción y, según creo yo, un indicio de procedencia extranjera.

Después de todo lo que hemos intentado establecer anteriormente sobre el origen egipcio de la religión de Eleusis, me inclinaría a reconocer en ellos a la pareja de Osiris y de Isis que los colonos egipcios aportaron con la agricultura. Los indígenas no les confirieron en un principio un nombre personal, ya fuese por la dificultad de encontrar una traducción satisfactoria para Edit y Ouônnofir, ya fuese porque consideraban al Dios y la Diosa por excelencia las divinidades que habían trasformado su vida por el uso de los cereales. Sin embargo, esta explicación tan sencilla no dice nada de la persistencia de su anonimato, que fue mantenido hasta el fin del paganismo. Yo buscaría más bien los motivos en las creencias egipcias acerca del nombre secreto de los dioses y acerca del peligro que corrían quienes lo daban a conocer a los profanos. «El antiguo Egipto, apunta Maspero, creía que el nombre de un individuo era como su ser real; quien poseía el nombre poseía al ser y se hacía obedecer por el individuo, como el esclavo obedece al maestro. El arte de los magos consistía en obtener de los dioses la revelación de estos nombres sagrados, y no había medio que no utilizaran para alcanzar sus objetivos. Cuando el dios, en un momento de olvido o de benevolencia, les había enseñado lo que deseaban, no había más remedio que obedecerle».[182] Por tanto, tal vez los griegos se limitaran al principio a la regla que los egipcios les enseñaron junto con el culto de Isis y Osiris, y se abstuvieran de revelar sus nombres, como más tarde también Herodoto se vio obligado a hacer con Osiris;[183] poste-

---

181. Farnell, *op. cit.* t. 3.
182. Maspero, *Étude de mythologie et d'archéologie égyptienne*, t. 2.
183. Herodoto, II, 61, 170.

riormente, continuaron observando el mismo silencio por tradición y sin comprender los motivos.

La pareja del Dios y la Diosa, que, según creo, fue la forma primera y reproducía de la manera más fiel la fisonomía de la pareja egipcia, dio origen al grupo de divinidades que la perpetuó en Eleusis, transformándose según las necesidades de los cultos locales y las tendencias nacionales. Muy pronto, la Diosa se desdobló en Deméter y Coré. En las Cícladas jónicas, el Dios es adorado con ellas bajo el nombre de Zeus Eubuleus. En Ática, casi desapareció, «desmembrado» en varios personajes divinos: Eubuleus, Plutón y Dioniso.

Coré pertenece en sí al ciclo de Eleusis, pero no apareció desde el principio. Homero no la conocía, ni siquiera el rapto de Proserpina; en sus poemas, esta era hija de Zeus (y de la diosa de la laguna Estigia, según Apolodoro), esposa de Hades y reina de los muertos. Hesíodo es el autor más antiguo que nombra, someramente, el rapto de Proserpina.[184] Por el contrario, esta leyenda es el escenario del himno homérico, en el que el poeta le conserva el mismo nombre y la convierte en hija de Deméter. Desde entonces, aunque el nombre y el culto de Proserpina persisten en Atenas, la diosa no es nombrada nunca en Eleusis. En su lugar aparece Coré, que no es, en mi opinión, un epíteto de Proserpina, sino una creación nueva. Muy diferente de la sombría y dura compañera de Hades, la recién llegada muestra la dulzura y la bondad que caracteriza a su madre Deméter.

Las dos diosas son inseparables, hasta tal punto que un estudioso las ha considerado a ambas Deméter. En los autores y en las inscripciones, son llamadas «las dos Diosas», «las dos Tesmoforas» y, a veces, cuando se las quiere distinguir, «la mayor y la más joven». La personalidad de Coré aparece muy velada y sin independencia. Apenas se puede afirmar que le pertenezcan como propias una hierofanta vinculada a su persona, un altar con su nombre, un tesoro en el que se arrojan monedas durante la consagración de las primicias, los beneficios de uno de los dos lagos Rheitoi. Sin embargo, no se conoce ningún sacrificio que se le haga sólo a ella, ninguna dedicación que lleve su nombre. Sin poder personal, Coré existe y es invocada sólo como hija de Deméter y con su madre. Por ejemplo, la sacerdotisa epónima del san-

---

184. Hesiodo, *Teogonías*.

tuario tenía como título *Hiéréia tès Démétros*, y el añadido *kaï tès Koré* no se encuentra antes de la época romana. Cuando una de las diosas es nombrada sola, siempre es Deméter, de la que Coré no es más que un desdoblamiento o un reflejo. Sin embargo, en la época clásica, lo más habitual es no separar a la madre de la hija.

Reciben conjuntamente los sacrificios del hierofante, de los epimeletas de los misterios, del estratega y del demarcador de Eleusis; numerosas consagraciones de estatuas están dedicadas a ambas. Lo más importante, y que mejor permite comprender la naturaleza y el papel de Coré, es que se asocia a Deméter en todas las fiestas del ciclo agrícola de Eleusis: Eleusinia, Proerosia, Tesmoforia, Haloia, Chloia. Como protectoras de la agricultura, se les inmola solemnemente una ofrenda consagrada en nombre del pueblo ateniense, después de que las primicias de la cebada y del trigo fueran llevadas a Eleusis. En los grandes misterios, aparecen también ambas como soberanas del otro mundo, y los mistos son iniciados con Deméter y Coré.

En los monumentos representados, los artistas se conforman con la creencia general y las representan juntas y parecidas. Resultaría incluso difícil distinguir a la madre de la hija, sin la distinción de la posición y los atributos. Deméter aparece casi siempre sentada sobre una cesta redonda, con un cetro en la mano, con un tocado de *calathos*; normalmente, Coré aparece de pie y sostiene las dos antorchas que permiten reconocerla.

Hasta aquí, ningún texto, ningún momento de Eleusis presenta a Coré como esposa del dios de los muertos. La obligación impuesta por Zeus a la hija de Deméter de pasar tres meses del año junto a su esposo infernal parece no observarse ya. En ningún lugar se menciona el descenso a los Infiernos ni el retorno a la Tierra, que en otras partes del mundo griego eran motivo de celebración solemne. Sin embargo, sería imprudente llegar a la conclusión de que esta ausencia de textos indica que no han existido en la religión eleusina. Queda una parte prácticamente desconocida: los pequeños misterios, que se celebraban en Agra, en el mes de Antesterion. En ellos tal vez Coré tenía un papel personal, como esposa del dios de los Infiernos. Un estudioso de Aristófanes indica que los grandes misterios pertenecen a Deméter, y los pequeños misterios, a Coré; la distinción es inexacta para los grandes misterios, que eran comunes a ambas diosas, y también para los pequeños misterios, en los que el sacrificio de los epimeletas se ofrecía a ambas.

¿Cuál es el motivo del desdoblamiento de la diosa en Deméter y Coré? No podemos responder más que con hipótesis. La más sencilla sería que, puesto que el concepto mismo de Deméter implica la idea de fecundidad y maternidad, habría parecido contradictorio imaginarla estéril, y por ello se le atribuyó una hija. Este mismo hecho se produce en otros puntos. En Hermione, Deméter Chtonia y Klymené; en Eginas, Trezene y Epidauro, la pareja inseparable de Damia (llamada Mnia en una inscripción de Egina) y Auxesia.

También podríamos alegar la tendencia de los griegos a multiplicar las divinidades separando de ellas uno de los atributos, que se convierte así en una nueva personalidad. Puesto que Ceres representa la idea general de la fecundidad de los campos cultivados, Júpiter personifica en su hija Proserpina la fuerza germinadora de la simiente; esta invención, sin duda alguna tomada en préstamo a autores griegos, en particular al estoico Cleantes, proporciona un medio elegante de explicar de manera racional la leyenda de la esterilidad que afectó a la Tierra tras el rapto de la hija de Ceres.

Podemos suponer además que, en el periodo que precedió la llegada de Deméter, los eleusinos adoraban a una pareja de divinidades de los muertos correspondiente a Hades-Proserpina; la leyenda local del rapto de la diosa y de la higuera silvestre cerca de la cual se entreabrió la tierra para dejar pasar al carro del raptor sería un aspecto superviviente de este culto primitivo; la caverna en la que se erigió más tarde el templo de Plutón podía pasar, más o menos, por una entrada a los Infiernos. Tras la llegada de Isis-Osiris, *theos kaï thea*, que hizo prevalecer en Eleusis una concepción suave del mundo de los muertos, la pareja Coré y Plutón fue sustituida por la de Hades y Proserpina; y la filiación de Coré y Deméter estableció el vínculo entre la nueva pareja y la diosa de la agricultura.

O, algo más sencillo: Coré, hija de Deméter, fue imaginada para ocupar el lugar de una diosa local de los muertos.

Ninguna de estas hipótesis es susceptible de demostración.

# Bibliografía

*Nota*: La mayoría de las referencias bibliográficas específicas figuran en las notas a pie de página de la obra.

CARCOPINO, Jérôme, *La Basilique pythagoricienne de la porte majeure*, L'Artisan du Livre, París, 1927.

DELATTE, A., *Études sur la littérature pythagoricienne*, Champion, París, 1919.

GHYKA, Matila C., *Esthétique des proportions*, NRF, col. «La Pensée contemporaine», París, 1927.

— *Le nombre d'or*, Gallimard, París, 1976.

GRAVES, R., *Les Mythes grecs*, Fayard.

JAMBLIQUE, *Vie de Pythagore*.

LACARRIÈRE, J., *Promenade dans la Grèce antique*, Hachette.

LACURIA, Abad (P.-F. G.), *Les Harmonies de l'Être exprimées par les nombres*, 2 tomos, Chacornac, París, 1899.

LAËRCE, Diogène, *Vie de Pythagore*.

LÉVY, Isidore, *Recherches sur les sources de la légende de Pythagore*, Ernest Leroux, París, 1926.

— *La Légende de Pythagore de Grèce en Palestine*, Champion, París, 1927.

MEUNIER, Mario, *Les «Vers d'or» de Pythagore*, comentario sobre los versos de oro de los pitagóricos; traducción nueva con prolegómenos y notas, De la Maisnie, Guy Trédaniel, París, 1987.

OLIVET, Fabre d', *Les Vers dorés de Pythagore*, Bodin, París, 1813.

PLOTIN, *Les Ennéades,* traducción filosófica a partir del texto griego, por el abad Alta, Charconac, París, 1924, 1925, 1926.

RIVIÈRE, P., *Dictionnaire critique de l'Ésotérisme*, obra colectiva, P.U.F.

— *Histoire comparative des religions et des mythes*, Ramuel.

— *Réflexions sur la mort*, obra colectiva, De Vecchi.

ROUGIER, Louis, *La Religion astrale des pythagoriciens*, P.U.F., París.

ROUX, G., *Delphes, son oracle et ses dieux*, Les Belles Lettres.

SCHURÉ, Édouard, *Los grandes iniciados*, Edicomunicación, 1988.

SEZNEC, J., *La survivance des dieux antiques*, Flammarion.

SOREL, R., *Les cosmogonies grecques*, P.U.F.

— *Orphée et l'orphisme*, P.U.F.

VERNANT, J.-P., *Mythe et société en Grèce ancienne,* París, 1988.

www.ingramcontent.com/pod-product-compliance
Lightning Source LLC
Chambersburg PA
CBHW080639170426
43200CB00015B/2889